# 房产测量技术

主　编　石朝美　徐　果　李扬杰
副主编　秦星敏　陶　嘉　刘姝君
参　编　罗利森　鲍新雪　付　贵
　　　　林　宁　魏　念　吴丁三元
　　　　代吉慧
主　审　琚芳芳　王开银

中国建材工业出版社

**图书在版编目（CIP）数据**

房产测量技术/石朝美，徐果，李扬杰主编. --北京：中国建材工业出版社，2020.2

ISBN 978-7-5160-2581-9

Ⅰ.①房… Ⅱ.①石… ②徐… ③李… Ⅲ.①房地产—测量学—高等职业教育—教材 Ⅳ.①F293.3

中国版本图书馆 CIP 数据核字（2019）第 122018 号

**房产测量技术**

Fangchan Celiang Jishu

主　编　石朝美　徐　果　李扬杰

副主编　秦星敏　陶　嘉　刘姝君

主　审　琚芳芳　王开银

出版发行：中国建材工业出版社

地　　址：北京市海淀区三里河路 1 号

邮　　编：100044

经　　销：全国各地新华书店

印　　刷：北京鑫正大印刷有限公司

开　　本：787mm×1092mm　1/16

印　　张：9.5

字　　数：220 千字

版　　次：2020 年 2 月第 1 版

印　　次：2020 年 2 月第 1 次

**定　　价：39.80 元**

---

# 前　言

随着我国国民经济的飞速增长，房地产业亦是发展迅猛。国家对不动产有了明确的规定并推行土地及建筑物的统一管理，因此对房产的产权产籍管理、房产测量的准确性也都提出了更高的要求。为适应国家和房产市场的需求，本着实用性、科学性的原则，力求重点突出、简明扼要、表达清楚，我们编写了适合于高职高专培养技术技能应用型人才的《房产测量技术》。

本书共设置十个项目，详细讲解了房产测量技术的相关内容。项目一为房产测绘基础知识；项目二为房产调查，涵盖了房屋及其用地调查、房产调查技术规范，并组织了房产调查实训；项目三为房产平面控制测量，涵盖了房产平面控制测量方法，并组织了城市导线测量实训和GPS房产测量实训；项目四为房产要素测量，涵盖了房产要素测量的主要方法，并组织了绘制房产测量草图实训；项目五为房产图测绘，涵盖了房产图的测绘与成图，并组织数字化测绘房产图实训；项目六为房产面积测算，涵盖了房屋建筑面积及房屋分摊面积的测算，组织了测算房屋建筑面积实训；项目七为变更测量，涵盖了房产变更调查、测量及资料处理内容；项目八为房产软件使用及数据库录入，涵盖了常用房产测量软件的介绍及房产测量数据库的建立与录入，组织了房产软件的操作实训；项目九为成果资料的检查与验收，涵盖了房产测量成果的检查、验收、提交，以及房产测绘技术报告的编写；项目十为房产测绘综合实训。

鉴于参与本书编写的编者水平、经验及时间等有限，全书难免存在不足之处，恳切希望广大读者批评指正并提出宝贵意见。

编　者

2020.1

# 目　　录

# 项目一　房产测绘基础知识

## 学习目标

了解房地产相关概念及房地产类型；掌握房产测绘定义及其目的和任务；掌握房产测绘作用、内容、工作程序及成果；了解房产测绘技术的应用以及房产测量员国家职业标准。

## 学习重点

房产测绘的定义；房产测绘的目的和任务；房产测绘的作用；房产测绘的内容及测绘程序；房产测绘成果。

## 第一节　房地产概述

### 一、房地产概念

房产是以房屋形态表现的财产。房屋则是指有屋面和围护结构（有墙或两边有柱），能够遮风避雨，可供人们在其中生产、工作、学习、娱乐、居住或储藏物资的场所。地产是指在一定的土地所有制关系下作为财产的土地，简单地说，就是在法律上有明确的权属关系的土地财产。地产包含地面及其上下空间，地产与土地的根本区别在于是否有权属关系。房地产是房产与地产的总称。具体来说，它包括土地、建筑物及固着于建筑物上不可分离的部分。房地产通常有广义和狭义之分，广义的房地产就是不动产，不动产是指土地及其定着物；狭义的房地产是指房屋及土地的合称。一般来说，房地产即为房屋与土地的合称。

### 二、房地产类型

房地产根据其土地利用方式的不同，可以分为四种类型：

（1）工业房地产。工业房地产主要是由用于工业生产的土地及其定着物组成，它分为自然土地、土地改良物、地上房屋及附属物三部分。

（2）商业房地产。商业房地产主要是由用于商业的土地及其定着物组成，它分为自然土地、土地改良物、地上房屋及附属物三部分。

（3）住宅。住宅是由以服务于人类居住为目的的土地和建筑物组成。

（4）特殊房地产。特殊房产包括两种类型：一种是历史文化建筑物和政府、宗教、监狱等所拥有的房地产；另一种是部队营房。我国法律规定，此类房地产不允许进入市场，因此将该类建筑物归为特殊房地产。

# 第二节　房产测绘

## 一、房产测绘的定义

房地产测绘就是采取测绘科学技术，按照房产管理要求和需要，对房屋及其用地的位置、权属、权界、数量、质量及利用现状等信息进行采集、处理、储存和应用的一门学科，也称房产测绘。房产测绘是房地产信息获取的重要技术手段之一，它在房地产开发及房地产管理中发挥着重要的作用。对于房地产商品房开发而言，测绘出的结果能够为其提供一定的量度依据，并且在房地产开发商制订、调整经营决策之时，能从数量方面提供参考。同时，测绘结果能为消费者选购商品房时提供参考信息，并促使商品房交易的顺利进行。对于房地产管理部门而言，房产测绘的相关结果可为相关政策的制订起到数据参考的作用，能提供有效的信息，同时还提供了一些直观的信息，使得管理部门在处理房地产的权属登记及相关的纠纷时，更好地发挥自身职能。各种测绘技术在房产测绘中的应用，使结果的精确度得到保障，从而使工程施工后续环节的需求得到更好的满足，方便了房地产面积的测算。

房产测绘是测绘技术与产籍管理业务相结合的专业测量，具有较强的技术性和鲜明的政策性及法律效力。房产测绘一般分为房产基础测绘和房产项目测绘两种。房产基础测绘是指在一个城市或者大的区域，建立整体的房产平面控制网，并测绘房产分幅平面图。房产项目测绘是指在房产权属管理、经营管理、开发管理以及其他房地产管理过程中需要测绘房产分丘平面图、房产分层分户平面图、各产权单元的套内建筑面积、共有分摊面积、建筑面积等，以及相关的图、表、簿、册等各种图表开展的测绘活动。

## 二、房产测绘的目的和任务

通过房产测绘，可以采集和表述房屋及房屋用地这类物质要素，是房产管理的重要基础性工作，为房屋权属登记、产权产籍管理提供准确有效的房产测绘数据。完整、准确的房产测绘成果是审查确认房屋产权、产籍，保障产权人合法权益的重要依据。

房产测绘的目的和任务：

(1) 对房屋及其用地进行测量和调查工作，获取其坐落、权属、权界、权源、数量、质量和利用现状等信息，并以文字、数据及图集的形式表述出来。

(2) 为房产管理，尤其是房屋产权、产籍管理提供准确可靠的成果资料。

(3) 为城市规划、城市建设（如基础设施、地下管网、通信路线、环境保护）等提供基础数据资料。

## 三、房产测绘的作用

房产测绘与人类生产生活息息相关，房产测绘为房产、产籍管理，房地产开发利用、交易、征收税费及城镇规划建设等提供准确详尽并具有法律效力的基础数据和信息。

1. 法律方面的作用

房产测绘成果中的房屋及其用地的权属界址、产权面积、权源及产权纠纷等信息，是进行产权登记、产权转移和产权纠纷裁决的依据。经房产行政主管部门确认以后的房产测绘成果资料具有法律效力。

2. 财政经济方面的作用

房产测绘成果中房屋及其用地的数量、质量、利用状况等信息可以为房产评估、房产税征收、房地产开发、房地产交易等提供准确的数据资料。

3. 社会服务方面的作用

房产测绘不仅为房地产业服务，也为城镇规划、建设、市政工程、公共事业、绿化环保、消防、水利、通信、燃气供应等城镇公共事业提供基础资料和有关信息。

4. 测绘服务方面的作用

房产图具有比例尺大、信息量大、内容繁多等特点，是建立现代城市地理信息系统的重要基础信息，也是城市大比例图更新的重要基础资料。

## 四、房产测绘的内容及测绘程序

（一）房产测绘的内容

1. 房产平面控制测量

房产测绘的第一步是在测区建立一个高精度的，有一定密度的，可长期使用的覆盖全区的平面控制网，这是房产测绘的基础。平面控制点可以利用符合房产测量规范要求的现有成果，也可自行布测房产平面控制网。

2. 房产调查

房产调查是通过实地详细调查，查清测区内所有房屋及其用地的位置、权属、权界、数量、质量和利用现状，以及地理名称、行政境界、政府机构名称和大的企事业单位名称等基本情况，以获得真实可靠的资料。这些资料是测绘与编制房地产图件必不可少的基础资料，也是房地产档案的重要组成部分。

3. 房产要素测量

房产要素测量是测定房屋及其用地相关要素的几何位置，包括坐标和边长。主要要素有界址点、界址线、房角点、房屋轮廓线，以及房屋的附属设施和围护物的几何位置或相关数据，还包括交通、水域、行政境界线测量。

4. 房产图测绘

房产图是房产测绘主要成果之一。房产图测绘主要规定了分幅图、分丘图、分层分户图三种图件的规格和标准，也提出了这些房产图的绘制方法和要求。

5. 房产面积测算

房产面积测算的对象包括房屋面积及房屋用地面积。后者多用界址点坐标计算，而前者通常利用实测边长计算。房屋面积的测算包括房屋建筑面积测算、房屋使用面积测算、房屋套内面积测算、房屋共有建筑面积计算与分摊测算等。

6. 房产变更测量

由于城市现状的变更以及房屋及其用地产权的转移，变更测量将成为房产测绘部门的一项经常性工作。为保证产权、产籍的动态管理，保证房产信息数据的实时性、准确性和可靠性，必须根据需要及时进行房产变更测量。

7. 成果资料的检查与验收

房产测绘成果在测绘部门内部“二检一验”合格后，由房产行政管理部门实施最终审核。其目的是使提交的成果资料符合规范、图式要求和工序要求，便于控制成果的使用和保存，同时也为房产产权登记提供准确可靠的数据。

（二）房产测绘的程序

（1）申请。房屋权利人提出书面申请，房产测绘部门接受申请后，审查申请人提交的各类证明，并与房屋权利人签订测绘合同，同时与相关的房产管理部门及有关部门密切配合，查找收集相关资料。

（2）资料提供。签订合同后，房屋权利人应及时提供房屋的总平面图、施工平面图、立面图、剖面图和各种结构详图。如有变更，及时提供变更图。尤其注意共有建筑面积的部位及权界线。

（3）编写技术设计。依据相关国家及部门现行测绘规范和任务协议要求编写技术设计书，规范房产测绘项目过程的技术环节。

（4）房产测绘。房产测绘按阶段分为预售测量、竣工测量、变更测量。

（5）绘制分丘图、分层分户图。

（6）提交房产测绘报告书，对项目概况、测绘依据、使用仪器、测量结果进行说明。

（7）将房产测绘资料交到房产行政管理部门进行审核，一经确认即具有法律效力。同时划归为房地产档案统一管理。

### 五、房产测绘成果

房产测绘成果包含房产簿册、房产数据和房产图集三部分。

（1）房产簿册，包括房屋调查表、房屋用地调查表、有关产权状况的调查资料、有关证明及协议文件等。

（2）房产数据，包括房产平面控制点成果、界址点成果、房角点成果及面积测算成果等。

（3）房产图集，包括房产分幅平面图、房产分丘平面图、房屋分层分户图、房产证附图、房屋测量草图及房屋用地测量草图等。

## 第三节　房产测绘技术的应用分析

从奴隶社会的夏朝开始，我国就已经有了土地测量和房屋测量，随着我国经济发展，房地产测绘工作蓬勃发展，电子制图技术、数据库管理系统、测绘新技术等已在房产测绘领域得到应用。

1. 电子制图技术

随着信息技术不断深入与发展，测绘技术也发展迅速，并且在房产测绘领域得到了显著性的发展。计算机技术凭借其自身强大优势，为房产测绘工作的发展发挥着重要的作用。现代自动化计算机制图软件的应用，打破了传统的制图模式，成功地替代了传统的人工制图方式，不但可以提升房产测绘工作的效率，而且极大地降低了测绘工作强度。与此同时，有效地提升了测绘的精准性，提高了测绘的精准率。

2. 数据库管理系统

房产测绘技术的不断深入发展，促使了测绘数据信息量不断增加，从而导致传统的数据管理方式已经无法适应测绘工作发展的需要。在房产测绘工作中的应用，数据管理系统作为一项先进的技术，不但能够处理强大的数据信息，有效提升数据管理质量（先进的数据管理系统能够不断提高数据存储的安全性，为测绘工作提供数据查询功能），并且能够实现对数据的保护，实现数据保密工作，因此在一定程度上确保了数据管理工作的科学性与合理性。

3. 测绘新技术

在实际的房产测绘工作中，利用先进的测绘技术及新型测绘仪器进行测绘工作，不但节约了大量的人力、物力，还可以保证测绘的准确性。在此过程中，只需要通过简单的人工操作，便可实现准确的测绘，自动生成标准格式的电子数据。与此同时，新型的测绘仪器能够实现对数据的精准分析、记录和存储操作，不但丰富了测绘的内容，实现测绘工作的一体化、数字化和智能化，而且极大地提升了测绘工作的效率，充分保障了测绘结果的精准性。

## 第四节　房产测量员国家职业标准

国家职业技能标准是在职业分类的基础上，根据职业活动内容，对从业人员的理论知识和技能要求提出的综合性水平规定。它是开展职业教育培训和人才技能鉴定评价的基本依据。《中华人民共和国劳动法》第六十九条规定“国家确定职业分类，对规定的职业制定职业技能标准，实行职业资格证书制度”。人力资源社会保障部根据这一规定，牵头组织制定了国家职业技能标准。

房产测量员是使用测绘仪器，按照房产测量规范和有关规定，采集和表述房屋及其用地信息的从业人员。本职业共设初级房产测量员（国家职业资格五级）、中级房产测量员（国家职业资格四级）、高级房产测量员（国家职业资格三级）、房产测量技师（国家职业资格二级）四个等级。

### 一、房产测量员的职业能力特征（表 1-1）

表 1-1　职业能力特征

| 职业能力 | 非常重要 | 重要 | 一般 |
|---|---|---|---|
| 学习能力 | | * | |
| 判断能力 | * | | |
| 计算能力 | * | | |
| 分析能力 | | * | |
| 空间感觉 | * | | |
| 视　觉 | | * | |

续表

| 职业能力 | 非常重要 | 重要 | 一般 |
| --- | --- | --- | --- |
| 听　觉 | | * | |
| 手指灵活性 | | * | |
| 手臂灵活性 | | * | |
| 动作协调性 | | * | |

## 二、房产测量员工作要求

对初级房产测量员、中级房产测量员、高级房产测量员、房产测量技师的技能要求依次递进，高级别包括低级别的内容。

（1）初级房产测量员工作要求，见表 1-2。

**表 1-2　初级房产测量员工作要求**

| 职业功能 | 工作内容 | 技能要求 | 相关知识 |
| --- | --- | --- | --- |
| 一、准备 | （一）资料准备 | 1. 能明确测区和房屋坐落；<br>2. 能明确测量工作的具体要求 | 1. 房产分幅图、分丘图的编号规则；<br>2. 建筑平面图识图知识 |
| | （二）仪器准备 | 能根据要求准备一般仪器设备 | 相关仪器设备的型号和性能知识 |
| 二、测量 | （一）控制与碎部测量 | 1. 能完成各级房产测量控制点的设置；<br>2. 能独立完成测距仪反光镜的安置工作；<br>3. 能在测点上正确立尺；<br>4. 能认识有关测量仪器并安全搬运到测站 | 1. 控制点设置知识；<br>2. 简单测量工具的操作知识；<br>3. 温度计和气压计的使用方法 |
| | （二）房屋测量 | 1. 能在丈量边长时拉尺对点；<br>2. 能进行房屋的简单测量；<br>3. 能绘制简单房屋的草图并正确标注数据 | 1. 地物特征点的知识；<br>2. 房屋草图的绘制方法 |
| 三、仪器设备维护 | （一）维护保养 | 能对测量工具进行日常维护 | 测量工具的种类及其保养知识 |
| | （二）故障排除 | 能排除一般测量工具的常见故障 | 一般测量工具的结构知识 |

（2）中级房产测量员工作要求，见表 1-3。

**表 1-3　中级房产测量员工作要求**

| 职业功能 | 工作内容 | 技能要求 | 相关知识 |
| --- | --- | --- | --- |
| 一、准备 | （一）资料准备 | 1. 能核对所收集资料的准确性；<br>2. 能调用已有资料建立对应关系，进行测绘点编号 | 房产图识图知识 |
| | （二）仪器准备 | 能确定所用仪器设备并进行检查 | 测量仪器检校知识 |

续表

| 职业功能 | 工作内容 | 技能要求 | 相关知识 |
|---|---|---|---|
| 二、踏勘 | 控制点勘察 | 1. 能根据确定的测区和房屋坐落勘察测量所需的控制点；<br>2. 能根据控制点的设计方案进行选点、埋石和绘制点之记；<br>3. 能根据实地情况对控制点的设计方案提出变更建议 | 1. 地籍图知识；<br>2. 控制网图识图知识；<br>3. 点之记的绘制知识 |
| 三、调查 | （一）调查行政区划和坐落 | 1. 能确认所测丘或房屋所在丘的行政区划；<br>2. 能确认所测丘或房屋所在丘的坐落 | 房产分幅图知识 |
| | （二）调查丘的土地使用类别及权属关系 | 1. 能验证丘的土地使用类别；<br>2. 能记录丘的土地使用权人 | 有关土地使用类别的标准 |
| | （三）调查丘的四至关系和界址点 | 1. 能确认丘的四邻名称；<br>2. 能确认丘的四至和墙界；<br>3. 能实地确认界址点 | 1. 界址点标志类型知识；<br>2. 墙界属性类型知识 |
| 四、测量 | （一）控制与碎部测量 | 能进行水平角、垂直角和距离的测量和记录 | 水平角、垂直角、距离测量记录规则 |
| | （二）房屋测量 | 能对普通房屋进行测量，并绘制草图和正确标注数据 | 房产要素标注知识 |
| 五、数据处理 | （一）控制网的数据处理 | 能进行单一导线的数据处理 | 导线测量知识 |
| | （二）面积计算 | 1. 能计算独立产权房屋的建筑面积；<br>2. 能对单一功能的房屋面积进行计算和对共有面积进行分摊 | 1. 房屋建筑面积计算规定；<br>2. 单一功能的房屋共有建筑面积分摊方法 |
| | （三）房产图的绘制 | 能利用采集的数据正确绘制房产分户图 | 分户图的相关知识 |
| 六、汇总 | （一）面积统计 | 能根据要求对单一功能房屋面积计算结果进行统计 | 房屋面积统计知识 |
| | （二）成果整理 | 能进行单一功能房屋成果的整理与提交 | 房产测量成果整理要求 |
| 七、仪器设备维护 | （一）维护保养 | 能对测量仪器设备进行日常维护 | 仪器设备的保养程序 |
| | （二）故障排除 | 能对测量仪器设备简单的故障进行排除 | 测量仪器设备的基本工作原理 |

（3）高级房产测量员工作要求，见表1-4。

**表1-4　高级房产测量员工作要求**

| 职业功能 | 工作内容 | 技能要求 | 相关知识 |
|---|---|---|---|
| 一、调查 | 调查房产要素 | 1. 能调查房屋的建筑结构、层次和建筑年代；<br>2. 能调查房屋的用途 | 1. 建筑材料的基本知识；<br>2. 房屋层次认定知识；<br>3. 房屋产别和房屋用途的分类标准；<br>4. 房产产权登记、产籍管理的知识 |
| 二、测量 | （一）控制与碎部测量 | 1. 能使用常规测绘仪器进行各级房产控制点的观测、记录、计算；<br>2. 能用极坐标法、边长交会法、正交法测量界址点、房角点；<br>3. 能标注控制点和界址点及房产要素 | 控制测量知识 |
| | （二）房屋测量 | 能对多功能房屋进行测量并绘制草图和正确标注数据 | 建筑图纸知识 |
| 三、数据处理 | （一）控制网的数据处理 | 能平差计算 $5km^2$ 范围内的二三级房产平面控制网 | 平差计算软件的应用技术 |
| | （二）面积计算 | 1. 能计算多功能房屋的套内建筑面积；<br>2. 能对多功能房屋共有建筑面积进行分摊 | 房屋共有建筑面积的分摊办法 |
| | （三）房产图的绘制 | 能利用采集的数据正确绘制房产分丘图 | 分丘图的相关知识 |
| 四、汇总 | （一）面积统计 | 能根据要求对多功能房屋面积计算结果进行分类统计 | 异产毗连房屋管理知识 |
| | （二）成果整理 | 能进行多功能房屋成果的整理与提交 | 房地产产权、产籍资料整理要求 |
| 五、质量检查 | （一）控制测量质量检查 | 能对二三级控制测量和碎部测量的数据进行检查 | 测量误差基本理论知识 |
| | （二）面积测量质量检查 | 能检查房屋面积测量和计算的结果 | 房屋共有面积分摊计算规定 |
| | （三）房产图质量检查 | 能对分户图进行质量检查 | 分户图的质量要求 |
| 六、仪器设备维护 | （一）维护保养 | 能对测量仪器设备进行特别维护 | 仪器设备维护工艺知识 |
| | （二）故障排除 | 能发现常用仪器的故障并进行排除或处理 | 测绘仪器设备的构造知识 |

4. 房产测量技师工作要求，见表1-5。

**表1-5　房产测量技师工作要求**

| 职业功能 | 工作内容 | 技能要求 | 相关知识 |
|---|---|---|---|
| 一、方案制订 | （一）制订观测方案 | 能根据测区自然地理条件制定各级房产测量控制网方案 | 控制网的布网知识 |
| | （二）编制修测方案 | 能编制房产图的修测方案并组织实施 | 房产图修测要求 |
| 二、测量 | （一）控制与碎部测量 | 1. 能完成房产控制网的测量；<br>2. 能使用电子速测仪（全站仪）采集数据并测绘房产分幅图 | 1. 数字测图知识；<br>2. 房产分幅图知识；<br>3. 航空摄影测量知识 |
| | （二）房屋测量 | 能对综合楼群、组团等被测对象实施测量，并绘制草图和正确标注数据 | 综合楼群、组团等测量知识 |
| 三、数据处理 | （一）控制网的数据处理 | 能对25km$^2$范围内的各级房产平面控制网进行平差计算 | 边长观测的距离改正与方向投影改正公式及改正方法 |
| | （二）面积计算 | 能对综合楼群、组团的房屋建筑面积进行计算 | 综合楼群、组团面积计算有关规定 |
| | （三）房产图的绘制 | 能绘制分幅图 | 分幅图的绘制知识 |
| 四、汇总 | （一）面积统计 | 能对综合楼群、组团等测量结果进行分类数据统计 | 房产权属管理知识 |
| | （二）成果整理 | 能进行综合楼群、组团成果的整理与归档 | 房产产权建档要求 |
| 五、审核验收 | 质量审核与验收 | 1. 能进行控制测量与碎部测量成果审核与验收；<br>2. 能进行房屋面积测量、共有面积分摊、计算成果、房产图审核与验收 | 房产测量成果质量要求及验收标准 |
| 六、指导培训 | 指导与培训 | 1. 能撰写技术报告、专业论文；<br>2. 能对低级别房产测量员进行指导和培训；<br>3. 能编制培训与指导计划 | 1. 撰写技术报告、专业论文的知识；<br>2. 管理的基本知识 |

## 【项目学习小结】

本项目详细讲述了房地产定义、房产测绘相关概念、房产测绘技术应用分析及房产测量员国家职业标准。通过对本项目的学习，可以系统地掌握房产测绘的目的及任务，测绘内容、测绘程序及测绘成果的具体内容，了解房产测绘的作用、房产测量员国家职业标准，为学习该课程奠定理论基础。

# 项目二　房产调查

## 学习目标

掌握房产调查以及房产调查表的填写；掌握房产用地调查表填写；学习并掌握房产调查技术规范。

## 学习重点

房产调查表、房产用地调查表填写。

## 第一节　房产调查

房产调查是根据房产测量的目的和任务，对房产及其用地的位置、权界、属性、特征、数量和利用状况等基本情况，以及地理名称和行政境界的调查，其中确定房产及其用地的权属状况是最主要的调查内容。调查的基本内容包括：地块权属、土地利用类别、土地等级、建筑物状况等。房产调查也称为房产信息数据采集。

### 一、房产调查单位的划分

1. 丘

丘是指地表上一块有界空间的地块，相当于地籍调查中的宗地。有固定界标的按固定界标划分，没有固定界标的按自然界线划分。按照国家标准《房产测量规范　第1单元：房产测量规定》（GB/T 17986.1—2000）（以下简称《房产测量规定》）中对“丘”的定义，它只有一个条件，即有边界，当然要求这个边界是一个实体，它在实地是存在的，在实地可找到，然后在图上有描述；房产测量的“丘”是一个几何体，完全是为满足房地产测绘和管理的需要，以及房地产管理的需求。但是划定丘的首选原则是：有固定界标的按固定界标划分，即已有界址点的必须按界址点走向划分“丘”，只有在没有固定界标的情况下，才按自然界线划分，一般以一个单位或一个门牌号或一处院落的房产用地单元划分为独立丘，当面积过小或权属混杂时，则可划成组合丘。自然界线包括：围墙、栅栏、篱笆、铁丝网、柱、河、渠、沟、道路、铁路、公路、街道、城墙、堤坝等。可按这些自然界线包围的地块划丘。丘界线不应穿越行政境界线。

2. 幢

幢是指一座独立的，包括不同结构和不同层次的房产。这里的房产是指有围护物和顶盖，结构牢固，层高超过2.20m，供人们生产和生活的永久性建筑物。

3. 房产区与房产分区

房产区可以市行政建制区的街道办事处，或镇，或乡的行政辖区，或根据房地产管理划分的区域或范围为基础划定，房产区应该是有边界的，由连续成片的较为规则的几何图形组成，尽量和行政区的街道办事处相吻合，但不要穿越行政建制区的区划线和乡（镇）的行政区域线，更不能穿越市、省级的行政区域的境界线。

丘以房产分区为单位划分，房产分区又是以房产区为单位划分，而房产区则是以市辖区或县，或县级市为单位划分，而市辖区、县、市等的范围和边界线则是由上一级政府划定的，应该有明显的边界线，但不一定都有界标。

## 二、房地产调查的方法

房地产调查一般应经过政府公告、资料准备、实地调查、确权定界、成果归整五个阶段 。

“先阅”：在实施房地产调查前，就对房地产权属单元的有关权属文件，结合产籍档案按房地产法规、政策、办法等对照审阅，其根本目的在于明确其权属是否合法属实。如资料不全，应及时通知权利人补充有关权属证明文件。

“后查”：在广泛审阅产权产籍资料后进入现场进行调查。

现场调查的基本原则：一是不允许将产权产籍资料原件带至现场，以防散失。二是调查者通常必须携带工作用图、房产产权产籍资料、房产调查表、房产用地调查表、审阅记录、其他房地产调查用具等到现场。三是调查者应会同房地产各方权利人代表共同到现场指界认定，如果其中一方因故而不能到场，必要时应按法律程序完善委托代理手续。四是必须现场如实记录各权属单元房地产调查情况，对于房地产权属纠纷一定要客观记载，由上级主管部门调处，调查者不能越权仲裁。

## 三、房地产调查在房产测绘中的地位

（1）在分幅平面图测绘阶段，通过房地产调查获得各用地单元的范围、坐落及相互关系，并按房地产管理要求对各用地单元编“丘号”；

（2）在分丘图测绘阶段，房地产调查是为了确定各用地单元的权属、界线，对界址点进行等级划分和编号，了解丘内房产的情况并编立“幢号”；

（3）在房产分幢测绘过程中，房地产调查着重于房产产权来源、产别及房产基本情况展开，并确定房产中各部分功能及结构，为合理测算房产面积做好准备；

（4）在多元产权房产分户勘丈阶段，通过房地产调查，确定各分户自用范围、公共面积范围及共有共用情况，并搜集公共面积的分摊协议或文件。

## 四、房产调查

房产调查内容包括房产坐落、产权人、产别、层数、所在层次、建筑结构、建成年份、用途、墙体归属、权源、产权纠纷和他项权利等基本情况，以及绘制房产权界线示意图。房产调查以丘为单位，对丘内房产逐幢进行实地调查，并将调查结果填入房产调查表（表 2-1～表 2-3）。

表 2-1　房产调查表

市区名称或代码________ 房产区号________ 房产分区号________ 丘号________ 序号________

| 坐落 | 区（县） | | | 街道（镇） | | | | 胡同（街巷） | | 号 | 邮政编码 | | | | |
|---|---|---|---|---|---|---|---|---|---|---|---|---|---|---|---|
| 产权人 | | | | | | | | 住址 | | | | | | | |
| 用途 | 住宅 | | | | | | | | 产别 | 私产 | | | 电话 | | 7886666 |
| 房屋状况 | 幢号 | 权号 | 户号 | 总层数 | 所在层次 | 建筑结构 | 建成年份 | 占地面积（$m^2$） | 使用面积（$m^2$） | 建筑面积（$m^2$） | 墙体归属 东 | 南 | 西 | 北 | 产权来源 |
| | | | | | | | | | | | | | | | |
| | | | | | | | | | | | | | | | |
| | | | | | | | | | | | | | | | |
| | | | | | | | | | | | | | | | |
| | | | | | | | | | | | | | | | |
| 房屋权界线示意图 | | | | | | | | | | | | | | 附加说明 | |
| | | | | | | | | | | | | | | 调查意见 | |

调查者：　　　　　　年　　月　　日

表 2-2　房产调查表示例（私房）

市区名称或代码　13　房产区号　06　房产分区号　11　丘号　0048-6　序号　17

| 坐落 | 雁塔区（县）人民路 | | | 街道（镇）太平巷 | | | | 胡同（街巷）3-8 号 | | | 邮政编码 | | | | 710054 |
|---|---|---|---|---|---|---|---|---|---|---|---|---|---|---|---|
| 产权人 | 刘江 | | | | | | | 住址 | 西安市雁塔区太平巷 3-8 号 | | | | | | |
| 用途 | 住宅 | | | | | | | | 产别 | 私产 | | | 电话 | | 7886666 |
| 房屋状况 | 幢号 | 权号 | 户号 | 总层数 | 所在层次 | 建筑结构 | 建成年份 | 占地面积（$m^2$） | 使用面积（$m^2$） | 建筑面积（$m^2$） | 墙体归属 东 | 南 | 西 | 北 | 产权来源 |
| | (6) | B | 17 | 6 | 5 | 4 | 1976 | 266.77 | 47.00 | 61.10 | 共 | 共 | 共 | 共 | 房改造 |
| | | | | | | | | | | | | | | | |
| | | | | | | | | | | | | | | | |
| | | | | | | | | | | | | | | | |
| | | | | | | | | | | | | | | | |
| 房屋权界线示意图 | （见下图） | | | | | | | | | | | | | 附加说明 | 房屋产权 100% |
| | | | | | | | | | | | | | | 调查意见 | |

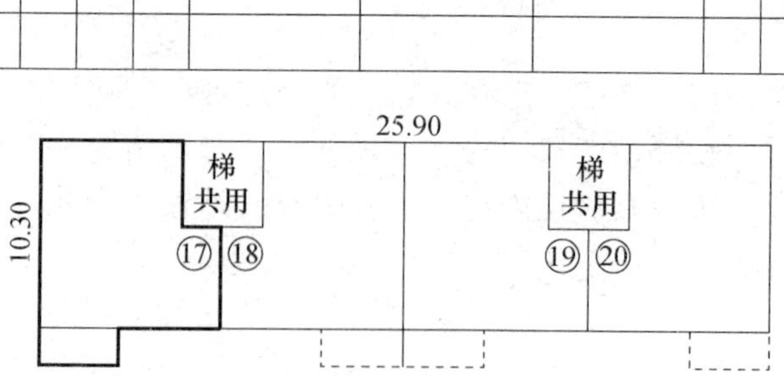


调查人：陈奇　2000 年 9 月 8 日

**表 2-3　房产调查表示例（公房）**

市区名称或代码 610113　房产区号 06　房产分区号 08　丘号 0036　序号 56

| | | | | | | | |
|---|---|---|---|---|---|---|---|
| 坐落 | 雁塔区（县）人民路　街道（镇）甜水巷　胡同（街巷）66 号 | | | | | 邮政编码 | 710054 |
| 产权人 | 友谊食品厂 | 住址 | 西安市雁塔区人民路甜水巷 66 号 | | | | |
| 用途 | 工厂用房（21） | | | 产别 | 集体房产（20） | 电话 | 7899988 |

| | 幢号 | 权号 | 户号 | 总层数 | 所在层次 | 建筑结构 | 建成年份 | 占地面积（$m^2$） | 使用面积（$m^2$） | 建筑面积（$m^2$） | 墙体归属 | | | | 产权来源 |
|---|---|---|---|---|---|---|---|---|---|---|---|---|---|---|---|
| | | | | | | | | | | | 东 | 南 | 西 | 北 | |
| 房屋状况 | (1) | | | 1 | | 5 | 1977 | 69.27 | | 69.27 | 自 | 自 | 自 | 自 | 自建 |
| | (2) | | | 2 | | 4 | 1977 | 48.36 | | 96.72 | 自 | 自 | 自 | 自 | 自建 |
| | (3) | | | 6 | | 3 | 1984 | 266.77 | | 1465.20 | 自 | 自 | 自 | 自 | 自建 |
| | (4) | | | 6 | | 3 | 1985 | 266.77 | | 1465.20 | 自 | 自 | 共 | 自 | 自建 |
| | | | | | | | | | | | | | | | |

| | | | |
|---|---|---|---|
| 房屋权界线示意图 | 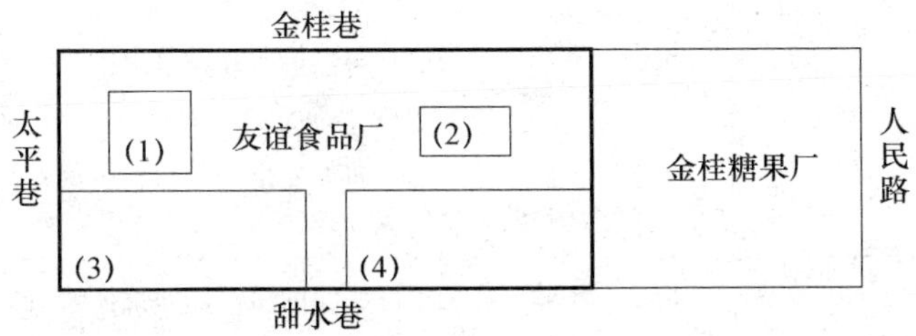 | 附加说明 | |
| | | 调查意见 | |



调查人：宋林　2000 年 9 月 8 日

1. 房产产权人

房产产权人是指房产所有权的权属主，可以是一个人或几个人，或是单位，或是国有。房产产权人对房产有占有权、使用权、收益权和处置权。

（1）私人所有的房产，一般按照产权证件上的姓名。产权人已死亡的，应注明代理人的姓名；产权是共有的，应注明全体共有人姓名。

（2）单位所有的房产，应注明单位的全称。两个以上单位共有的，应注明全体共有单位名称。

（3）房地产管理部门直接管理的房产，包括公产、代管产、托管产、拨用产四种产别。公产应注明房地产管理部门的全称。代管产应注明代管及原产权人姓名。托管产应注明托管及委托人的姓名或单位名称。拨用产应注明房地产管理部门的全称及拨借单位名称。

2. 房产产别

房产产别是指房产的产权性质，按《房产测量规定》的“房产产别分类标准（表 2-4）”规定的标准划分，填入二级分类代码。国有房产指国家所有的房产，包括房管部门的房产、全民所有制单位的房产和军队的房产，这些房产的所有权属国家。这些单位在国家授权范围内，对国有房产行使占有、使用、收益和处分的权利。

集体所有房产，是指城市集体所有制单位所拥有的房产。集体组织依法对其房产享有占有、使用、收益和处分的权利。

私有房产，是指公民个人所有的房产，包括房改中职工以标准价购买的拥有部分产权的房产。几个人共有的房产，也是私有房产。私有房产的产权人依法对房产享有占用、使用、收益和处分的权利。代管房产和托管房产的产权，属于私人所有的，房产产别为“私有房产”。

对于住房投资改革以来所建各类房产的产权确认，原则上以建房时所订协议或合同中规定的产权划定标准。

**表 2-4　房屋产别分类标准**

| 一级分类 | | 二级分类 | | 含义 |
|---|---|---|---|---|
| 编号 | 名称 | 编号 | 名称 | |
| 10 | 国有房产 | | | 指归国家所有的房产。包括由政府接管、国家经租、收购、新建以及由国有单位用自筹资金建设或购买的房产 |
| | | 11 | 直管产 | 指由政府接管、国家经租、收购、新建、扩建的房产（房屋所有权已正式划拨给单位的除外），大多数由政府房地产管理部门直接管理、出租、维修，少部分免租拨借给单位使用 |
| | | 12 | 自管产 | 指国家划拨给全民所有制单位所有以及全民所有制单位自筹资金建设的房产 |
| | | 13 | 军产 | 指中国人民解放军部队所有的房产，包括由国家划拨的房产、利用军费开支或军队自筹资金建设的房产 |
| 20 | 集体所有房产 | | | 指城市集体所有制单位所有的房产，即集体所有制单位投资建造、购买的房产 |
| 30 | 私有房产 | | | 指私人所有的房产。包括中国公民（含港澳台同胞）、海外侨胞、在华外国侨民、外国人所投资建造、购买的房产，以及中国公民投资的私营企业（私营独资企业、私营合伙企业和私营有限责任公司）所投资建造、购买的房产 |
| | | 31 | 部分产权 | 指按照房改政策，职工个人以标准价购买的住房，拥有部分产权 |
| 40 | 联营企业房产 | | | 指不同所有制性质的单位之间共同组成新的法人型经济实体所投资建造、购买的房产 |
| 50 | 股份制企业房产 | | | 指股份制企业所投资建造或购买的房产 |
| 60 | 港澳台投资房产 | | | 指港澳台地区投资者以合资、合作或独资在内地（大陆）举办的企业所投资建造或购买的房产 |
| 70 | 涉外房产 | | | 指中外合资经营企业、中外合作经营企业和外资企业、外国政府、社会团体、国际性机构所投资建造或购买的房产 |
| 80 | 其他房产 | | | 凡不属于以上各类别的房屋，都归在这一类，包括因所有权人不明，由政府房地产管理部门、全民所有制单位、军队代为管理的房屋以及宗教、寺庙等房屋 |

3. 房产总层数与所在层数

房产层数是指房产的自然层数，一般按室内地坪（±0）以上计算；采光窗在室外地坪以上的半地下室，其室内层高在 2.20m 以上的，计算自然层数。房产总层数为房产地上层数与地下层数之和。房产分类与房产层数关系见表 2-5。

**表 2-5 房产层数**

| 房屋分类 | 单层 | 多层 | 中高层 | 高层 | 超高层 | 地下室 |
|---|---|---|---|---|---|---|
| 房屋层数 | 一层 | 2～6 层 | 7～9 层 | 10～29 层 | 30 层以上 | 地下室 |

假层、附层（夹层）、插层、阁楼（暗楼）、装饰性塔楼，以及突出屋面的楼梯间、水箱间不计层数。所在层次是指本权属单元的房产在该幢楼房中的第几层。地下层次以负数表示。

4. 房产建筑结构与建成年份

房产建筑结构是指根据房产的梁、柱、墙等主要承重构件的建筑材料划分类别，具体分类标准按表 2-6 执行。

**表 2-6 房产建筑结构分类表**

| 分类 | | 内　　容 |
|---|---|---|
| 编号 | 名称 | |
| 1 | 钢结构 | 承重的主要构件是用钢材料建造的，包括悬索结构 |
| 2 | 钢、钢筋混凝土结构 | 承重的主要构件是用钢、钢筋混凝土建造的。如一幢房屋部分梁柱采用钢、钢筋混凝土构架建造 |
| 3 | 钢筋混凝土结构 | 承重的主要构件是用钢筋混凝土建造的。包括薄壳结构、大模板现浇结构及使用滑模、升板等建造的钢筋混凝土结构的建筑物 |
| 4 | 混合结构 | 承重的主要构件是用钢筋混凝土和砖木建造的。如一幢房屋的梁是用钢筋混凝土制成，以砖墙为承重墙，或者梁是用木材建造，柱是用钢筋混凝土建造 |
| 5 | 砖木结构 | 承重的主要构件是用砖、木材建造的。如一幢房屋是用木制房架、砖墙、木柱建造的 |
| 6 | 其他结构 | 凡不属于上述结构的房屋都归此类。如竹结构、砖拱结构、窑洞等 |

房产建成年份是指房产实际竣工年份。拆除翻建的，应以翻建竣工年份为准。一幢房产有两种以上建成年份，应分别注明。

5. 房产用途

房产用途是指房产的实际用途。具体分类标准按表 2-7 执行。

**表 2-7 房产用途分类标准**

| 一级分类 | | 二级分类 | | 内容 |
|---|---|---|---|---|
| 编号 | 名称 | 编号 | 名称 | |
| 10 | 住宅 | 11 | 成套住宅 | 指由若干宿舍、起居室、厨房、卫生间、室内走道或客厅等组成的供一户使用的房屋 |
| | | 12 | 非成套住宅 | 指人们生活居住的但不成套的房屋 |
| | | 13 | 集体宿舍 | 指机关、学校、企事业单位的单身职工、学生居住的房屋。集体宿舍是住宅的一部分 |

续表

| 一级分类 | | 二级分类 | | 内容 |
| --- | --- | --- | --- | --- |
| 编号 | 名称 | 编号 | 名称 | |
| 20 | 工业 | 21 | 工业 | 指独立设置的各类工厂、车间、手工作坊、发电厂等从事生产活动的房屋 |
| | | 22 | 公用设施 | 指自来水、泵站、污水处理、变电、燃气、供热、垃圾处理、环卫、公厕、殡葬、消防等市政公用设施的房屋 |
| | 交通 | 23 | 铁路 | 指铁路系统从事铁路运输的房屋 |
| | | 24 | 民航 | 指民航系统从事民航运输的房屋 |
| | | 25 | 航运 | 指航运系统从事水路运输的房屋 |
| | | 26 | 公交运输 | 指公路运输、公共交通系统从事客、货运输、装卸、搬运的房屋 |
| | 仓储 | 27 | 仓储 | 指用于储备、中转、外贸、供应等各种仓库、油库用房 |
| 30 | 商业 | 31 | 商业服务 | 指各类商店、门市部、饮食店、粮油店、菜场、理发店、照相馆、浴室、旅社、招待所等从事商业和为居民服务所用的房屋 |
| | | 32 | 经营 | 指各种开发、装饰、中介公司等从事各类经营业务活动所有的房屋 |
| | 金融 | 33 | 旅游 | 指宾馆、饭店、游乐园、俱乐部、旅行社等主要从事旅游服务所用的房屋 |
| | | 34 | 金融保险 | 指银行、储蓄所、信用社、信托公司、证券公司、保险公司等从事金融服务所用的房屋 |
| | 信息 | 35 | 电信信息 | 指各种邮电、电信部门、信息产业部门、从事电信与信息工作所用的房屋 |
| 40 | 教育 | 41 | 教育 | 指大专院校、中等专业学校、中学、小学、幼儿园、托儿所、职业学校、业余学校、干校、党校、进修学校、工读学校、电视大学等从事教育所用的房屋 |
| | 医疗卫生 | 42 | 医疗卫生 | 指各类医院、门诊部、卫生所（站）、检（防）疫站、保健院（站）、疗养院、医学化验、药品检验等医疗卫生机构从事医疗、保健、防疫、检验所用的房屋 |
| | 科研 | 43 | 科研 | 指各类从事自然科学、社会科学等研究设计、开发所用的房屋 |
| 50 | 文化 | 51 | 文化 | 指文化馆、图书馆、展览馆、博物馆、纪念馆等从事文化活动所用的房屋 |
| | | 52 | 新闻 | 指广播电视台、电台、出版社、报社、杂志社、通讯社、记者站等从事新闻出版所用的房屋 |
| | 娱乐 | 53 | 娱乐 | 指影剧院、游乐场、俱乐部、剧团等从事文娱演出所用的房屋 |
| | | 54 | 园林绿化 | 指公园、动物园、植物园、陵园、苗圃、花圃、花园、风景名胜、防护林等所用的房屋 |
| | 体育 | 55 | 体育 | 指体育场、化育馆、游泳池、射击场、跳伞塔等从事体育所用的房屋 |
| 60 | 办公 | 61 | 办公 | 指党、政机关、群众团体、行政事业单位等行政、事业单位等所用的房屋 |
| 70 | 军事 | 71 | 军事 | 指中国人民解放军军事机关、营房、阵地、基地、机场、码头、工厂、学校等所用的房屋 |

续表

| 一级分类 | | 二级分类 | | 内容 |
|---|---|---|---|---|
| 编号 | 名称 | 编号 | 名称 | |
| 80 | 其他 | 81 | 涉外 | 指外国使、领馆、驻华办事处等涉外所用的房屋 |
| | | 82 | 宗教 | 指寺庙、教堂等从事宗教活动所用的房屋 |
| | | 83 | 监狱 | 指监狱、看守所、劳改场（所）等所用的房屋 |

6. 房产墙体归属

房产墙体归属是房产四面墙体所有权的归属，分别注明自有墙、共有墙和借墙三类。

其中，共用墙有一半属于你，以墙的中心线为界，两家一边一半；任何一家不能私自变动，必须两边协商一致才可以。借墙完全属于别人，你借用此墙为两家的屏障。

7. 房产产权来源

房产产权来源是指产权人取得房产所有权的时间和方式。房产所有权取得的方式按国家标准《房产测量规定》为：买受、受赠、交换、继承、自建、翻建、收购、征用、调拨、价拨、拨用以及房改售房等。买受、受赠、继承、交换的房产产权转移以有关协议、文约、合同、裁定、公证等文件为准；自建、翻建的房产产权的确认以报批文件和竣工图件为准；收购指的是个人或企业通过收购的方式，获得另一个人或企业的房产的所有权或控制权；征用、调拨、价拨、拨用的房产的产权转移以审批文件为准；房改售房的产权转移以审批文件为准。

房产产权来源有两种以上的，均应注明。

买受：房产是一种商品，可以依法在市场上进行买卖，国有房产、集体房产和私人房产在国家法律和政策允许的范围内可买卖。房产的买卖，是房产产权和使用价值的一次性转移，买方在买入房产使用价值的同时也买入了产权。这种房产产权的取得方式称买受。

受赠：房产和其他财产一样，产权人可以按照自己的意愿，将自己的属个人所有的房产赠送他人，受赠人可以是国家、社会团体，或自己的亲朋好友。

交换：房产是一种商品，可以依法进行交换，房产的交换有房产所有权的交换与房产使用权的交换两种，此处所讲房产交换是指房产产权即所有权的交换。

继承：房产继承是指按照《继承法》的规定，依照法定程序把被继承人遗留房屋所有权及其土地使用权转移归继承人所有的法律行为。房产继承，是所有权及使用权继受取得方式的一种。

自建：凡经批准新建的房产，房产建成后，新建单位或个人便拥有该房产的产权，取得新建房产的所有权和使用权，并可领取房地产产权证。

翻建：指经批准以后在自己原有房产的基础上进行翻新改建，包括部分拆建的房产，并取得翻建新增的房产产权。翻建房产应办理变更登记手续。

收购：政府或房地产管理部门收购的房产。

征用：国家根据建设的需要征用的房产，同时支付房产赔偿费及安置补助费。

调拨：政府或房地产管理部门无偿调拨给全民所有制或集体所有制单位的房产；产权归属以调拨文件规定的为准。

价拨：政府或房地产管理部门有偿调拨给全民所有制或集体所有制单位的房产；产权归属以调拨文件规定的为准。

划拨：政府或房地产管理部门免租借拨给单位使用、管理、维修的房产；房产产权为国家所有，使用单位仅有使用权。

8. 房产产权的附加说明

在调查中对产权不清或有争议的，以及设有典当权、抵押权等他项权利的，应做出记录。

9. 房产权界线示意图

房产权界线示意图是以权属单元为单位绘制的略图，表示房产及其相关位置、权界线、共有共用房产权界线，以及与邻户相连墙体的归属，并注记房产边长。对有争议的权界线应标注部位。

房产权界线是指房产权属范围的界线，包括共有共用房产的权界线，以产权人的指界与邻户认证来确定，对有争议的权界线，应做相应记录。

# 第二节　房产用地调查

## 一、房产用地情况的调查

1. 房产用地调查的内容

房产用地调查以丘为单位进行。

调查内容包括：用地坐落、产权性质、用地等级、税费、用地人、用地单位所有权性质，权源、界标、用地分类、用地面积和用地纠纷等基本情况。

房产用地调查记簿应采用专门的“房产用地调查表”（表 2-8、表 2-9），并绘制用地范围略图。

**表 2-8　房产用地调查表**

市区名称或代号　　房产区号　　房产分区号　　丘号　　序号

<table>
<tr><td colspan="2">坐落</td><td colspan="10">区（县）　　街道（镇）　　胡同（街巷）　　号</td><td>电话</td><td></td><td>邮政编码</td><td></td></tr>
<tr><td colspan="2">产权性质</td><td colspan="2"></td><td colspan="2">产权人</td><td colspan="2"></td><td colspan="2">土地等级</td><td colspan="2"></td><td>税费</td><td></td><td rowspan="7">附加说明</td><td rowspan="7"></td></tr>
<tr><td colspan="2">使用人</td><td colspan="2"></td><td colspan="2">住址</td><td colspan="6"></td><td>所有制性质</td><td></td></tr>
<tr><td colspan="2">用地来源</td><td colspan="10"></td><td>用地用途分类</td><td></td></tr>
<tr><td rowspan="4">用地状态</td><td rowspan="2">四至</td><td>东</td><td>南</td><td>西</td><td>北</td><td rowspan="2">界标</td><td colspan="2">东</td><td colspan="2">南</td><td colspan="2">西</td><td>北</td></tr>
<tr><td></td><td></td><td></td><td></td><td colspan="2"></td><td colspan="2"></td><td colspan="2"></td><td></td></tr>
<tr><td rowspan="2">面积</td><td colspan="2">合计用地面积</td><td colspan="2">房屋占地面积</td><td colspan="2">院地面积</td><td colspan="3">分摊面积</td><td colspan="2" rowspan="2"></td></tr>
<tr><td colspan="2"></td><td colspan="2"></td><td colspan="2"></td><td colspan="3"></td></tr>
<tr><td colspan="2">用地略图</td><td colspan="14"></td></tr>
</table>

调查者：　　　　年　　月　　日

**表 2-9　房产用地调查表示例**

市区名称或代码号 13 房产区号 06 房产分区号 05 丘号 003 序号 33

<table>
<tr><td colspan="2">坐落</td><td colspan="7">区（县）雁塔区　街道（镇）人民南路　胡同（街巷）287 号</td><td>电话</td><td>789888</td><td>邮政编码</td><td>710054</td></tr>
<tr><td colspan="2">产权性质</td><td>国有</td><td>产权人</td><td colspan="2">轻工业研究所</td><td>土地等级</td><td colspan="2"></td><td>税费</td><td></td><td rowspan="6" colspan="2">附加说明</td></tr>
<tr><td colspan="2">使用人</td><td>轻工业研究所</td><td>住址</td><td colspan="5">西安市雁塔路人民南路 287 号</td><td>所有制性质</td><td>集体</td></tr>
<tr><td colspan="2">用地来源</td><td colspan="7">1958 年国家划拨</td><td>用地用途分类</td><td>43</td></tr>
<tr><td rowspan="4">用地状态</td><td rowspan="2">四至</td><td>东</td><td>南</td><td>西</td><td>北</td><td rowspan="2">界标</td><td>东</td><td>南</td><td>西</td><td>北</td></tr>
<tr><td>太平巷</td><td>人民南路</td><td>0032</td><td>0019</td><td>J213-J223</td><td>J219-J213</td><td>J219-J220</td><td>J220-J223</td></tr>
<tr><td rowspan="2">面积（m²）</td><td>合计用地面积</td><td>房屋占地面积</td><td>院地面积</td><td>分摊面积</td><td rowspan="2" colspan="4"></td><td rowspan="2" colspan="2"></td></tr>
<tr><td>4842.75</td><td>1688.94</td><td>3153.81</td><td></td></tr>
<tr><td colspan="2">用地略图</td><td colspan="11">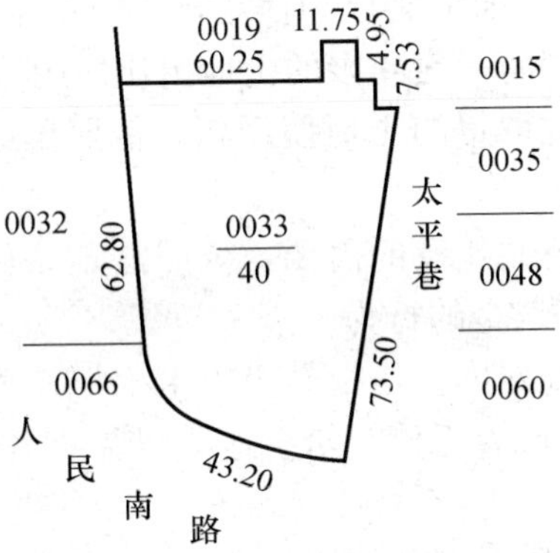
</td></tr>
</table>

调查者：陈奇　2000 年 9 月 8 日

2. 房产用地调查的内容与要求

（1）坐落

坐落是指房产所在街道的名称和门牌号，填写为：××市××区××路（街）×××号等。路、街、巷等名称应以民政部门规定的名称为准，门牌号应以公安部门钉立的门牌号为准。

坐落在小的里弄、胡同或小巷时，应加注附近主要街道的名称；缺门牌号时，可借用毗连房产的门牌号并加注东、南、西、北等方位。

坐落在两个以上街道或两个以上门牌号时，应全部注明，但应分清主次，主门牌在前，侧、后门牌在后。

（2）产权性质

产权性质指土地的所有权性质，分国有、集体两类填写。集体所有的还应加注土地所有权的单位名称，例如："集体（李家村）"。

（3）等级

城镇的土地"等"按国家城镇土地分等填写，城镇土地"级"按当地人民政府制定的分级标准执行，主要参照"城市土地级别图"和"城市土地级别边界图"填写。

（4）税费

按土地使用权人每年向有关部门缴纳的税费金额填写。免征土地税的填“免征”。

（5）产权主

指土地使用权人的姓名或单位名称。使用权人为个人的，按身份证姓名填写；使用权人为单位的，应填写单位全称。

（6）使用人

指实际使用人的姓名或单位名称，例如：某土地使用权属“××国土资源厅”，而实际上一直归“××地质测量队”使用，此处应填“××地质测量队”。使用人是单位的，住址应填写其登记地址；使用人是个人的，住址应填写其户口登记地址。

（7）所有制性质

所有制性质分全民所有制（全民）、集体所有制（集体）、个体所有制（个体）三类填写。

（8）用地来源

用地的来源，是指取得土地使用权的时间和方式，如出让、转让、征用、划拨等。填写××××年××月××日获得土地使用权，使用年限××年，有以下几种。

① 出让：指国家有偿将一定年限的土地出让使用权人与土地使用者。

② 转让：以出让方式取得的土地使用权，依照国家有关法律规定将其剩余年限的土地使用权再转移的行为。

③ 征用：国家根据公共建设的需要，依照法定条件和程序将集体所有土地强制性收归国有，并给予一定补偿金的行为。

④ 划拨：土地使用权划拨，是指县级以上人民政府依法批准，在土地使用者缴纳一定的安置、补偿费后，或者无偿交给土地使用者使用的行为。

（9）用地四至

用地四至是指用地范围与四邻接壤的情况，一般按东、南、西、北方向注明邻接丘号或街道名称。

（10）面积情况

① 房产建筑面积。房产建筑面积是指房产外墙（柱）勒脚以上各层的外围水平投影面积，还包括阳台、挑廊、室外楼梯、地下室等，且具备上盖和围护结构，结构牢固，层高 2.2m 以上（含 2.2m）的永久性建筑。建筑面积以实测数据计算。一个权属单位的各幢各层建筑面积之总和是总建筑面积。

② 房产使用面积。房产使用面积是指房产户内全部可供使用的空间面积，按房产的内墙面水平投影计算。

③ 房产产权面积。房产产权面积是指产权主依法享有所有权的房产建筑面积。房产产权面积由直辖市、市、县房地产行政主管部门登记确权认定。

房屋产权证上的房屋面积一般就是建筑面积（包含了分摊面积）。

④ 分摊面积。分摊面积是指丘内的公共面积，如过道、电梯井、楼梯间、变电室、公共门厅、设备间、值班警卫室等，还包括套内与公共建筑之间的分隔墙，以及外墙（含山墙）水平投影一半的建筑面积。

（11）用地范围的界标

是指用地界线上的各种标志，包括道路、河流等自然界线；房产墙体、围墙、围栏、篱笆等围护物体；界碑、界桩等埋石标志。填写方向与四至填写方向一致。

（12）用地用途分类

根据《房产测量规定》“房产用地用途分类”标准填写，填写至二级分类代码。如果楼房各层用途不一致时，按地面一层用途注记；地面一层用途不一致时，按主要用途注记（表 2-10）。

**表 2-10　房屋用地用途分类**

| 一级分类 | | 二级分类 | | 含义 |
|---|---|---|---|---|
| 编号 | 名称 | 编号 | 名称 | |
| 10 | 商业金融业用地 | | | 指商业服务业、旅游业、金融保险业等用地 |
| | | 11 | 商业服务业 | 指各种商店、公司、修理服务部、生产资料供应站、饭店旅社，对外经营的食堂、文印誊写社、报刊门市部、蔬菜销转运站等用地 |
| | | 12 | 旅游业 | 指主要为旅游业服务的宾馆、饭店、大厦、乐园、俱乐部、旅行社、旅游商店、友谊商店等用地 |
| | | 13 | 金融保险业 | 指银行、储蓄所、信用社、信托公司、证券交易所、保险公司等用地 |
| 20 | 工业仓库用地 | | | 指工业、仓储用地 |
| | | 21 | 工业 | 指独立设置的工厂、车间、手工业作坊、建筑安装的生产场地、排渣（灰）场等用地 |
| | | 22 | 仓库 | 指国家、省（自治区、直辖市）以及地方的储备、中转、外贸、供应等各种仓库、油库、材料堆积场及其附属设备等用地 |
| 30 | 市政用地 | | | 指市政公用设施、绿化用地 |
| | | 31 | 市政公用设施 | 指自来水厂、泵站、污水处理厂、变电（所）站、煤气站、供热中心、环卫所、公共厕所、火葬场、消防队、邮电局（所）及各种管线工程专用地段等用地 |
| | | 32 | 绿化 | 指公园、动植物园、陵园、风景名胜、防护林、水源保护林以及其他公共绿地等用地 |
| 40 | 公用建筑用地 | | | 指文化、体育、娱乐、机关、科研、设计、教育、医卫等用地 |
| | | 41 | 文、娱体 | 指文化馆、博物馆、图书馆、展览馆、纪念馆、体育场馆、俱乐部、戏剧院、游乐场、文艺体育团体等用地 |
| | | 42 | 机关、宣传 | 指党政事业机关及工、青、妇等群众组织驻地，广播电台、电视台、出版社、报社、杂志社等用地 |
| | | 43 | 科研、设计 | 指科研、设计机构用地。如研究院（所）、设计院及其实验室、试验场等用地 |
| | | 44 | 教育 | 指大专院校中等专业学校、职业学校、干校、党校，中、小学校、幼儿园、托儿所、业余进修院（校）、工读学校等用地 |
| | | 45 | 医卫 | 指医院、门诊部、保健院（站、所）、疗养院（所）、救护站、血站、卫生院、防治所、检疫站、防疫站、医学化验、药品检验等用地 |

续表

| 一级分类 | | 二级分类 | | 含义 |
|---|---|---|---|---|
| 编号 | 名称 | 编号 | 名称 | |
| 50 | 住宅用地 | | | 指供居住的各类房屋用地 |
| 60 | 交通用地 | | | 指铁路、民用机场、港口码头及其他交通用地 |
| | | 61 | 铁路 | 指铁路线路及场站、地铁出入口等用地 |
| | | 62 | 民用机场 | 指民用机场及其附属设施用地 |
| | | 63 | 港口码头 | 指供客、货运船停靠的场所用地 |
| | | 64 | 其他交通 | 指车场（站）、广场、公路、街、巷、小区内的道路等用地 |
| 70 | 特殊用地 | | | 指军事设施、涉外、宗教、监狱等用地 |
| | | 71 | 军事设施 | 指军事设施用地。包括部队机关、营房、军用工厂、仓库和其他军事设施等用地 |
| | | 72 | 涉外 | 指外国使馆、驻华办事处等用地 |
| | | 73 | 宗教 | 指专门从事宗教活动的庙宇、教堂等宗教用地 |
| | | 74 | 监狱 | 指监狱用。包括监狱、看守所、劳改场（所）等用地 |
| 80 | 水域用地 | | | 指河流、湖泊、水库、坑塘、沟渠、防洪堤坝等用地 |
| 90 | 农用地 | | | 指水田、菜地、旱地、园地等用地 |
| | | 91 | 水田 | 指筑有田埂（坎）可以经常蓄水用于种植水稻等水生作物的耕地 |
| | | 92 | 菜地 | 指以种植蔬菜为主的耕地。包括温室、塑料大棚等用地 |
| | | 93 | 旱地 | 指水田、菜地以外的耕地。包括水浇地和一般旱地 |
| | | 94 | 园地 | 指种植以采集果、叶、根、茎等为主的集约经营的多年生木本和草本作物，覆盖度大于50%或每亩株数大于合理株数70%的土地，包括果树苗圃等用地 |
| 00 | 其他用地 | | | 指各种未利用土地、空闲地等其他用地 |

（13）用地略图

是以丘为单位，主要表示房产用地范围及其权属界限，并用概略比例尺绘制的略图。

（14）附加说明

## 二、行政境界与地理名称调查

1. 行政境界调查

行政境界调查，应依照各级人民政府规定的行政境界位置，调查区、县和镇以上的行政区划范围，并标绘在图上。街道或乡的行政区划，可根据需要调绘。

2. 地理名称调查

（1）地理名称调查包括居民点、道路、河流、广场等自然名称。

（2）自然名称应根据各地人民政府地名管理机构公布的标准名或公安机关编定的地名进行。凡在测区范围内的所有地名及重要的名胜古迹，均应调查。

3. 行政机构名称调查

行政机构名称只对镇以上行政机构进行调查。

4. 企事业单位名称的调查

应调查实际使用该房产及其用地的企事业单位的全称。

# 第三节　房产调查技术规范

## 一、房产调查技术要求

在现场调查中要在草图中注记门牌号、街道名称、业主（单位）名称、四至、业主名称、幢号、房产结构、层数，并注明界墙归属、门窗装修等情况。非城市住宅区中毗连成片的私人住宅房，应调查其四墙归属，并按四墙归属丈量其建筑面积。

在房产面积统一调查之前，已签订《购房合同书》，或已办理了《房产所有权证》的，按原合同或房产证的面积为准。

在地籍调查过程中，已有资料中有建筑面积的，要清楚查实建筑面积的来源。如原数据是未按技术要求调查计算而得，而是采用匡算数据、自报数据的，要重新调查，把建筑面积更新为准确数据。

## 二、房产面积的计算技术及精度要求

建筑面积调查采用钢卷尺实地量算法。

丈量用的钢卷尺需进行检校，检核合格后方能使用。遇到房产现状变化，应先将房产的平面图形和边长尺寸等记载在草图上。丈量边长读数取至厘米。

边长要进行两次丈量，两次丈量结果较差应符合下式规定：

$$\Delta D = 0.004 \times D \tag{2-1}$$

式中，边长 $D$ 的单位为 m。

房产面积测算的中误差 $M_p$ 按下式计算：

$$M_p = \pm(0.04\sqrt{P} + 0.003P) \tag{2-2}$$

式中，$P$ 为房产面积，单位为$m^2$。

房产建筑面积测算的最大误差为两倍中误差。房产建筑面积使用的单位为$m^2$，面积数值取位至 $0.1m^2$。

房产建筑面积调查后应绘制房产权属界线示意图，并填写房产调查表。

# 项目任务　房产调查实训

## 一、小组成员及仪器设备安排

项目实施以小组为单位，按 4～6 人/组对授课班级进行分组，每组确定一名组长，负责组织和管理本组成员完成本项工作任务，教师做好现场引导、检查和考核工作，小组成员工作职责见表 2-11 所示。

表 2-11 各小组成员工作职责表

| 序号 | 小组成员工作分工 | 小组成员工作职责 | 姓名 | 备注 |
|---|---|---|---|---|
| 1 | 记录员 | 主要负责现场记录和处理观测数据工作 | | |
| 2 | 绘图员 | 主要负责绘制本项目相关的测量图纸工作 | | |
| 3 | 检查员 | 主要负责检查本组测量精度工作 | | |
| 6 | 资料员 | 主要负责整理和提交本组测量成果工作 | | |

所需仪器设备：测距仪、皮卷尺（钢卷尺）。

## 二、实施要求、步骤及方法

实施要求：

选取学校教学楼，用测距仪测量并绘制成图，确定房地产调查的程序和内容，针对主要调查内容和难点制订方案，每个调查小组成员 3～4 人，分别负责住户资料登记情况，以便和提供的资料进行核对，是否有不清楚和错误之处。一人负责房产形状草图的绘制，方便与内业成图，一人使用激光测距仪测量房产周边边长，以便今后对房产面积进行计算，一人用数码相机拍摄下当前房产的照片，以便为房产层数、结构的检核提供依据，填写房产调查表和房产用地调查表。

实施步骤：

房产调查按照准备工作、权属调查、房产测量、成果审查与入库、成果整理与归档的次序开展工作。

实施方法：

（一）准备工作

根据授权委托的房产调查任务，调查机构应做好收集、整理和分析所调查的房产登记、抵押、查封、权属来源、交易、控制点坐标、界址点坐标等相关资料（包括图件、表格、数据和文件等），制订调查方案，发放指界通知书，计算测量放样数据等工作。

房产登记和管理的资料分散于不同部门的，到国土、房产、林业、农业、海洋、水务、规划、档案等部门的档案室或在数据库中查询、核对并获取被调查对象的档案资料和数据，并要求出具证明或在资料复印件上加盖档案资料专用章，见表 2-12。

表 2-12 房产调查资料协助查询单（试行）

**房产调查资料协助查询单**
**（试行）**

（查询单位名称）：

根据××等有关规定，请贵单位按照以下信息协助查询房产情况，并出具查询结果：
1. 查询范围，详见《查询地块（海域）范围示意图》。
2. 查询内容：

申请查询联系人：
联系电话：
房产调查机构（盖章）
年 月 日

注：
1. 本协助查询单一式二份，一份连同查询结果反馈房产调查机构，另一份由协助查询机构留存。
2. 协助查询单位应出具查询结果证明，经审定并加盖协助查询单位用章后反馈房产调查机构。

（二）权属调查

权属调查应由县级以上人民政府房产登记机构组织完成。权属调查工作的主要内容包括核实和调查房产权属和界址状况、绘制房产单元草图、填写房产调查表（表 2-1）等。对界址线有争议、界标发生变化和新设界标等情况，宜现场记录并拍摄照片。

1. 核实确认房产的现状

根据申请调查的材料和档案资料查询结果，核实确认房产的权属现状，确认其界址是否发生变化，然后确定权属调查的具体方法。界址是否发生变化的具体情形如下：

新设界址和界址发生变化的情形有：

① 征收或征用土地；

② 城镇改造拆迁；

③ 划拨、出让、转让国有土地使用权或海域使用权；

④ 权属界址调整后的宗地或宗海，土地整理后的宗地重划；

⑤ 宗地或宗海的界址因自然力作用而发生的变化等；

⑥ 由于各种原因引起的宗地或宗海分割和合并。

界址不发生变化的情形有：

① 转移、抵押、继承、交换、收回土地使用权或海域使用权；

② 违法房产经处理后的变更；

③ 宗地或宗海内地物、地貌的改变，如新建建筑物、拆除建筑物、改变建筑物的用途及房产的翻新、加层、扩建、修缮等；

④ 精确测量界址点的坐标和房产单元的面积；

⑤ 权利人名称、房产位置名称、房产用途等的变更；

⑥ 房产所属行政管理区的区划变动，即县市区、街道、街坊、乡镇等边界和名称的变动；

⑦ 权利取得方式、权利性质或权利类型发生变化。

2. 新设界址与界址发生变化的房产权属调查

根据房产现状确认的结果，针对新设界址与界址发生变化的情形，依房产的类型，其权属调查方法为：

（1）房产的权属调查方法按照《房产测量规定》执行，并填写新的房产调查表。

（2）耕地的权属调查方法按照《农村土地承包经营权调查规程》（NY/T 2537）执行，并填写新的房产调查表。

（3）海域的权属调查方法按照《海籍调查规范》（HY/T 124）执行，并填写新的房产调查表。

（4）其他土地的权属调查方法按照《地籍调查规程》（TD/T 1001）执行，并填写新的房产调查表。

3. 界址未变化的房产权属调查

根据房产现状确认的结果，针对界址未发生变化的情形，首先确定是否需要进行实地核实调查，然后按照下列方法开展权属调查：

（1）如不需要到实地核实调查，则在复印后的原房产调查表内变更部分加盖“变更”字样印章，并填写新的房产调查表，不重新绘制草图。

（2）如需要到实地调查，则经实地核实调查后，依不同情形，其处理的方法如下：

① 发现房产权属状况与相关资料完全一致的，按（1）的规定处理。

② 发现房产权属状况与相关资料不一致的，应在原房产调查表上用红线划去错误内容，标注正确内容，并填写新的房产调查表。

③ 发现原界址边长或房产边长数据错误的，应在原草图的复制件上用红线划去错误数据，标注检测数据，重新绘制草图，并填写新的房产调查表。

（三）房产测量

（四）成果审查与入库

（五）成果整理与归档

注：房产测量、成果审查与入库、成果的整理与归纳后续章节会有详细方法说明和介绍。本实训请完成前面两个步骤。

## 三、记录、计算及技术要求

房产调查，分房屋用地调查和房屋调查，包括对每个权属单元的位置、权界、权属、数量和利用状况等基本情况，以及地理及名称和行政境界的调查。

房产调查应利用已有的地形图、地籍图、航摄像片，以及有关产籍等资料，按《房产测量规定》的“房屋调查表”和“房屋用地调查表”逐项实地进行调查。

根据上述资料搜集以及测量更新，按照下表（表 2-13、表 2-14）把所需项目数据一一填写完成。

**表 2-13　房产用地调查表**

市区名称和代码________　房产区号________　房产分区号________　丘号________　序号________

<table>
<tr><td colspan="2">坐落</td><td colspan="9"></td><td>电话</td><td></td><td>邮政编码</td><td></td></tr>
<tr><td colspan="2">产权性质</td><td colspan="3"></td><td>产权人</td><td colspan="2"></td><td>土地等级</td><td colspan="2"></td><td>税费</td><td></td><td rowspan="6">附加说明</td><td rowspan="6"></td></tr>
<tr><td colspan="2">使用人</td><td colspan="3"></td><td>住址</td><td colspan="5"></td><td>所有制性质</td><td></td></tr>
<tr><td colspan="2">用地来源</td><td colspan="9"></td><td>用地用途分类</td><td></td></tr>
<tr><td rowspan="3">用地状态</td><td>四至</td><td>东</td><td>南</td><td>西</td><td>北</td><td>界标</td><td>东</td><td>南</td><td>西</td><td colspan="3">北</td></tr>
<tr><td></td><td></td><td></td><td></td><td></td><td></td><td></td><td></td><td></td><td colspan="3"></td></tr>
<tr><td>面积</td><td colspan="2">合计用地面积</td><td colspan="2">房屋占地面积</td><td colspan="2">院地面积</td><td colspan="2">分摊面积</td><td colspan="3"></td></tr>
<tr><td colspan="2">用地略图</td><td colspan="13"></td></tr>
</table>

调查者：　　　　　年　　月　　日

表 2-14　房产调查表

<table>
<tr><td colspan="17">房屋基本信息调查表</td></tr>
<tr><td colspan="17">市区名称或代码________　地籍区________　地籍子区________　宗地号________　定着物(房屋)代码________</td></tr>
<tr><td>不动产单元号</td><td colspan="16"></td></tr>
<tr><td>房地坐落</td><td colspan="12"></td><td>邮政编码</td><td colspan="3"></td></tr>
<tr><td rowspan="2">房屋所有权人</td><td colspan="9" rowspan="2"></td><td colspan="2">证件种类</td><td colspan="5"></td></tr>
<tr><td colspan="2">证件号</td><td colspan="5"></td></tr>
<tr><td>电话</td><td colspan="5"></td><td colspan="4">住址</td><td colspan="2"></td><td rowspan="4">共有情况</td><td colspan="4" rowspan="4"></td></tr>
<tr><td>权利人类型</td><td colspan="5"></td><td colspan="4">项目名称</td><td colspan="2"></td></tr>
<tr><td>房屋性质</td><td colspan="5"></td><td colspan="4">产别</td><td colspan="2"></td></tr>
<tr><td>用途</td><td colspan="5"></td><td colspan="4">规划用途</td><td colspan="2"></td></tr>
<tr><td rowspan="7">房屋状况</td><td rowspan="2">幢号</td><td rowspan="2">户号</td><td rowspan="2">总套数</td><td rowspan="2">总层数</td><td rowspan="2">所在层</td><td rowspan="2">房屋结构</td><td rowspan="2">竣工时间</td><td rowspan="2">占地面积($m^2$)</td><td rowspan="2">建筑面积($m^2$)</td><td rowspan="2">专有建筑面积($m^2$)</td><td rowspan="2">分摊建筑面积($m^2$)</td><td rowspan="2">产权来源</td><td colspan="4">墙体归属</td></tr>
<tr><td>东</td><td>南</td><td>西</td><td>北</td></tr>
<tr><td></td><td></td><td></td><td></td><td></td><td></td><td></td><td></td><td></td><td></td><td></td><td></td><td></td><td></td><td></td><td></td></tr>
<tr><td></td><td></td><td></td><td></td><td></td><td></td><td></td><td></td><td></td><td></td><td></td><td></td><td></td><td></td><td></td><td></td></tr>
<tr><td></td><td></td><td></td><td></td><td></td><td></td><td></td><td></td><td></td><td></td><td></td><td></td><td></td><td></td><td></td><td></td></tr>
<tr><td></td><td></td><td></td><td></td><td></td><td></td><td></td><td></td><td></td><td></td><td></td><td></td><td></td><td></td><td></td><td></td></tr>
<tr><td></td><td></td><td></td><td></td><td></td><td></td><td></td><td></td><td></td><td></td><td></td><td></td><td></td><td></td><td></td><td></td></tr>
<tr><td rowspan="2">房屋权界线示意图</td><td colspan="10" rowspan="2"></td><td colspan="2">附加说明</td><td colspan="4"></td></tr>
<tr><td colspan="2">调查意见</td><td colspan="4"></td></tr>
</table>

调查员：　　　　日期：　　年　　月　　日

## 四、考核及评价

项目按照时间、质量、安全、环保、文明五个方面要求进行考核。学生按照表 2-15 的要求进行自评和互评，教师进行总评，最终形成各组完成该项目的考核成绩。

**表 2-15　项目考核评价表**

小组序号：________________ 项目实施时间及地点：________________

小组成员姓名：________________________________

总　　分：________________

| 序号 | 考核项目 | 考核内容及要求 | 评分标准 | 配分 | 学生自评 15% | 学生互评 25% | 教师考评 60% | 得分 |
|---|---|---|---|---|---|---|---|---|
| 1 | 时间要求 | 8 学时 | 超时倒扣分，10 分/学时 | 20 | | | | |
| 2 | 质量要求 | 仪器参数设置 | 仪器参数设置有误，扣 5 分/处 | 30 | | | | |
| | | 测量 | 1. 观测数据误差值超过规定要求，每超出 2mm 扣 2 分；<br>2. 仪器操作不规范，扣 10 分；处理方法不当，扣 5 分 | 50 | | | | |
| 3 | 安全要求 | 遵守安全操作规程 | 1. 未按要求穿工作服，扣 2 分；<br>2. 保护设备不当，扣 3 分 | | | | | |
| 4 | 环保要求 | 遵守环保生产规则 | 不遵守，酌情扣 1～5 分 | | | | | |
| 5 | 文明要求 | 遵守文明生产规则 | 不遵守，酌情扣 1～5 分 | | | | | |

## 【项目学习小结】

通过本项目的学习，学生能够掌握房产调查表、房产用地调查表的填写。

# 项目三　房产平面控制测量

## 学习目标

熟悉房产平面控制网布设方法和规范要求；掌握城市导线测量、GPS 测量实施流程和工作内容；确保房产控制测量观测及计算成果符合技术规范要求；按时提交实训成果资料。

## 学习重点

布设房产平面控制网规范要求；现有资料利用及前期准备工作内容；城市导线测量内外业工作内容、步骤、精度控制和技术要求；GPS 测量方法、步骤、精度控制及技术要求；内业数据处理及资料整理；规定时间内完成项目任务内容及要求。

## 第一节　房产平面控制测量

根据测区范围大小，按照测量精度等相关技术要求，现场布设一定数量控制点，通过外业观测、记录，结合内业计算获得控制点平面位置和高程，此项工作即为控制测量。平面控制测量是测定现场控制点的平面位置的工作。

房产平面控制测量主要是为测绘大比例尺的房产平面图、地籍平面图提供起始数据，为房产变更测量、面积测算、拨地划界和各种建设工程放线验线等日常工作提供测绘基础。

### 一、房产平面控制测量的目的、作用及重要性

为了满足房产日益增长的需求，根据《房产测量规定》提出的各项规定和要求，我们所建立的房产平面控制测量是整个房产测量工作前期性的基础工作，它的目的是为整个房产测量工作提供一个准确的控制框架（参考系）和定位基准，并控制误差的累积，从而建立一个高精度的，有一定密度的，能长期保存使用的、稳定的房产平面控制网。其主要作用为：

（1）为房产要素测量提供起算控制数据。

（2）为房产图的测绘提供测图控制和起算数据。

（3）为房产测绘的变更与修测提供起算数据。

房产平面控制测量的重要性：

（1）现势性。由于城市建设的扩展和旧城改造，原有的控制成果部分遭到破坏，为了保证房产平面图的现势性，必须及时布设新的控制点，以确保房产平面图的变更测量和其他日常测量工作的正常进行。

（2）阶段性。房产平面控制测量要考虑城市的远景规划，在精度上要留有余地，以便于控制网的扩展。

（3）经济区域性。对于经济发达区域和一般区域在布设控制网点时，其精度应有所区别，发达区域测图比例尺大，所需的控制测量精度要高；一般地区测图比例尺要小，则控制测量的精度可低一些。这样区别对待，既可避免不必要的浪费或损失，又能满足房产测绘工作的需要。

## 二、房产平面控制测量的布设原则与基本要求

1. 房产平面控制网点的布设原则

为了充分利用国家和城市的已有控制成果，保证测绘成果的共享和质量，满足国家经济建设和房产管理的需求，房产平面控制测量同其他控制测量一样应遵循从整体到局部、从高级到低级、分级布网的原则，也可越级布网。

2. 房产平面控制测量的基本要求

（1）高精度的控制网，要求保持控制点间有较高的相对精度，即要求最末一级的房产平面控制网中，相邻控制点间的相对点位中误差（即相邻点间的相对位置中误差）不超过±0.025m，最大误差不超过±0.05m，只有这样的控制网才能够保证所控制下相邻房产要素之间的相对精度。否则满足不了房产要素测量的要求，尤其是界址点和房角点的精度要求。

（2）控制点有一定密度，要求房产平面控制点有相当的分布密度，以满足房产要素测量对起算控制点的需求。

（3）控制点稳定，要求所提供的平面控制点的坐标能保持较长时间的稳定，不要经常变换。房产测绘是一种提供官方证明的政府行为的测量，其成果用于进行产权登记，一经确定，即具法律效力；而坐标和面积将是今后产权登记最主要的基本数据，一经登记发证，就应保持其严肃性和稳定性，而不能经常或任意改动，以免造成产权登记和档案材料的混乱。

## 三、对已有平面控制网成果的利用

充分利用已有测绘成果，尤其是控制网成果，制止不必要的重复测绘，促进测绘成果高度共享，是信息社会的要求和测绘行业应遵循的节约成本原则。

就全国而言，房产平面控制测量能利用的有两大块：一个是国家的一、二、三、四等大地控制网，另一个是各城市的二、三、四等城市控制网和一、二级城市平面控制网。

一般来说，1958 年年底以后所完成的国家一、二、三、四等平面控制网，如不超过表 3-1 的规定时，可以考虑利用，但也应进行必要的检核，评估其是否符合《房产测量规定》的要求。对于不能满足《房产测量规定》要求的控制网，也应尽量利用其点位，使各种测绘成果能够相互转换，促成测绘成果共享的条件。

**表 3-1　各级国家平面控制网限差**

| 平面控制网等级 | 一等 | 二等 | 三等 | 四等 |
|---|---|---|---|---|
| 测角中误差（″） | ±0.7 | ±1.0 | ±1.8 | ±2.5 |
| 边长（km） | 20～25 | 9～13 | 4～10 | 1～6 |
| 方位角中误差（″） | ±0.9 | ±1.5 | ±2.5 | ±4.5 |
| 边长相对中误差 | 1/20 万 | 1/12 万 | 1/8 万 | 1/4.5 万 |

我国各大中城市都布设有正规的、质量可靠的城市二、三、四等控制网，有的还有一、二级导线网。这些成果大部分执行《城市测量规范》（CJJ 8—1985），其基本限差估计不会超过表3-2的规定，此标准现已被CJJ/T 8—2011替代。

**表3-2　各级城市控制网的精度估计**

| 城市平面控制网等级 | 二等 | 三等 | 四等 | 一级 | 二级 |
| --- | --- | --- | --- | --- | --- |
| 测角中误差（″） | ±1.0 | ±1.8 | ±2.5 | ±5.0 | ±8.0 |
| 边长（km） | 9 | 5 | 2 | 0.3 | 0.2 |
| 方位角中误差（″） | ±1.5 | ±2.5 | ±4.5 | ±10.0 | ±15.0 |
| 边长相对中误差 | 1/12万 | 1/8万 | 1/4.5万 | 1/2万 | 1/1.3万 |
| 相对点位中误差（m） | — | — | ±0.05 | ±0.02 | ±0.02 |

## 四、房产平面控制测量的坐标系统

《房产测量规定》要求：房产测量坐标系统应采用1980西安坐标系统或地方坐标系统，采用地方坐标系统时，应和国家坐标系统联测。简略介绍目前我国房产测绘常采用的坐标系统如下。

1. WGS-84坐标系

WGS-84的定义：WGS-84是修正NSWC9Z-2参考系的原点和尺度变化，并旋转其参考子午面与BIH定义的零度子午面一致而得到的一个新参考系，WGS-84坐标系的原点在地球质心，坐标系$Z$轴指向国际时间局——BIH（Bureau International de I′Heure）1984年（简称BIH1984.0）定义的协定地球极（CTP）方向，坐标系$X$轴指向BIH1984.0的零度子午面和CTP赤道的交点，坐标系$Y$轴和$Z$、$X$轴构成右手坐标系。它是一个地固坐标系。

建立WGS-84世界大地坐标系的一个重要目的，是在世界上建立一个统一的地心坐标系。

2. 1954年北京坐标系（BJ54旧）

坐标原点：苏联的普尔科沃。

参考椭球：克拉索夫斯基椭球。

平差方法：分区分期局部平差。

存在问题：①椭球参数有较大误差；②参考椭球面与我国大地水准面存在着自西向东明显的系统性倾斜；③几何大地测量和物理大地测量应用的参考面不统一；④定向不明确。

3. 1980年国家大地坐标系（GDZ80）

坐标原点：陕西省泾阳县永乐镇。

参考椭球：1975年国际椭球。

平差方法：天文大地网整体平差。

特点：①采用1975年国际椭球；②参心大地坐标系是在1954年北京坐标系基础上建立起来的；③椭球面同似大地水准面在我国境内最为密合，是多点定位；④定向明确；⑤大地原点地处我国中部；⑥大地高程基准采用1956年黄海高程。

4. 新 1954 年北京坐标系（BJ54 新）

新 1954 年北京坐标系（BJ54 新）是由 1980 年国家大地坐标系（GDZ80）转换得来的。

坐标原点：陕西省泾阳县永乐镇。

参考椭球：克拉索夫斯基椭球。

平差方法：天文大地网整体平差。

BJ54 新的特点 ：①采用克拉索夫斯基椭球；②是综合 GDZ80 和 BJ54 旧建立起来的参心坐标系；③采用多点定位，但椭球面与大地水准面在我国境内不是最佳拟合；④定向明确；⑤大地原点与 GDZ80 相同，但大地起算数据不同；⑥大地高程基准采用 1956 年黄海高程；⑦与 BJ54 旧相比，所采用的椭球参数相同，其定位相近，但定向不同；⑧BJ54 旧与 BJ54 新无全国统一的转换参数，只能进行局部转换。

5. 地方独立坐标系

在生产实际中，我们通常把控制网投影到当地平均海拔高程面上，并以当地子午线作为中央子午线进行高斯投影建立地方独立坐标系。地方独立坐标系隐含一个与当地平均海拔高程对应的参考椭球——地方参考椭球。地方参考椭球的中心、轴向和扁率与国家参考椭球相同，其长半径则有一改正量。

6. 2000 国家大地坐标系

2008 年 3 月，由国土资源部正式上报国务院《关于中国采用 2000 国家大地坐标系的请示》，并于 2008 年 4 月获得国务院批准。自 2008 年 7 月 1 日起，中国已全面启用 2000 国家大地坐标系，国家测绘地理信息局受权组织实施。2000 国家大地坐标系是全球地心坐标系在我国的具体体现，其原点为包括海洋和大气的整个地球的质量中心。推广使用 2000 国家大地坐标系的重要性在于：若现在仍采用现行的二维、非地心的坐标系，不仅制约了地理空间信息的精确表达和各种先进的空间技术的广泛应用，无法全面满足当今气象、地震、水利、交通等部门对高精度测绘地理信息服务的要求，而且也不利于与国际上民航与海图的有效衔接，因此采用地心坐标系已势在必行。

## 第二节　房产平面控制测量方法

房产平面控制测量的方法随着测绘仪器设备及测绘技术的现代化程度越来越高，已由三角测量、三边测量逐步过渡到导线测量和 GPS 定位测量，计算工具也由过去的对数表、计算尺、手摇计算机逐步过渡到计算器、微型计算机，大大地节省了建网费用，减轻了劳动强度，提高了测量精度和生产效率。本章主要介绍导线测量和 GPS 定位测量。

房产平面控制测量应尽可能地利用国家已有的平面控制测量成果，但在利用前，先进行必要的检核分析，确认合乎要求后方可采用。房产平面控制测量包括二、三、四等基本控制测量和一、二级加密控制测量。根据当今测绘科技的高速发展情况，二、三、四等基本控制测量普遍采用 GPS 测量方法，一、二级加密控制测量视测区情况采用 GPS 测量、城市导线测量或两者相结合的测量方法。

## 一、城市导线测量

导线测量是一、二级房产平面控制最常用的方法。导线测量的布设和观测简单易行，精度易于保证，测量设备比较普遍，观测速度快，所以受到普遍采用，尤其是在建筑物或树木密集的城市地区，导线测量起到了其他方法不能替代的作用。

1. 房产控制网的布设

房产平面控制网的布设，其范围应考虑城镇发展的远景规划，首网布设一个主控制网作为骨干，然后视建设和管理要求，分区分期逐步有计划地进行加密；其精度方面，要留有适当的余地，特别是要使控制网外围边长的精度留有余地，以使得主控制网有扩大控制范围的可能性，避免将来因控制范围不够而重新布设控制网。

目前各大中城市所建立的质量良好的城市控制网，基本能满足建立房产控制网的需要，可直接在城市控制网的基础上进行一、二级控制测量。

控制测量应以光电测距导线布设，其布设规格和技术指标见表 3-3。

**表 3-3　布设一、二级平面控制网的主要技术指标**

| 等级 | 平均边长（km） | 附合导线长度（km） | 每边测距中误差（mm） | 测角中误差（″） | 导线全长相对闭合差 | 水平角观测测回数 | | 方位角闭合差（″） | 距离测回数 |
|---|---|---|---|---|---|---|---|---|---|
| | | | | | | $DJ_2$ | $DJ_6$ | | |
| 一级 | 0.3 | 3.6 | ±15 | ±5.0 | 1/14000 | 2 | 6 | $\pm 10\sqrt{n}$ | 2 |
| 二级 | 0.2 | 2.4 | ±12 | ±8.0 | 1/10000 | 1 | 3 | $\pm 16\sqrt{n}$ | 2 |

2. 导线测量的作业内容

导线测量作业包括图上设计、选点、建标、测水平角、测垂直角、测距及检查计算等内容。常使用全站仪外业采集数据，待所建造的觇标和埋设的标石稳定后，即可开展观测工作。观测前，须按规范要求对仪器进行检校。导线测量注意事项：

（1）导线的边长、导线点的个数都必须满足规范要求。

（2）应在每一个导线点上安置仪器，每一条边都要往返双向观测。

（3）按相应等级水平角测量的测回数和限差要求测量导线点至前、后两点间的水平角，观测方向大于两个方向。

（4）测量导线相邻两点间的垂直角，符合相应等级垂直角测量的测回数和限差要求。

（5）观测斜距，逐项改正计算平距；直接测量的平距、高差可以用来检核。

（6）每站应测量温度（一、二等需要测干、湿温）、气压。

（7）测前、测后各量 1 次仪器高和觇牌高，2 次互差不得超过 2mm。

3. 测量水平角

常使用 $DJ_1$、$DJ_2$、$DJ_6$经纬仪或者全站仪观测水平角。一般采用方向观测法观测城市各级导线的水平角，采用左、右角观测法进行三、四等导线测量。通常采用三联脚架法安置脚架。角度观测应遵守下列规定：观测应在成像清晰、稳定的条件下进行。晴天的日出、日落和中午前后，如果成像模糊或跳动剧烈，不应进行观测。技术要求符合表 3-7方向观测法的各项限差要求即可。

4. 测量边长

常使用光电测距仪或者全站仪测量各级导线网的边长，技术要求符合表 3-9 测距仪观测结果各项较差的限差要求即可。测量边长的注意事项：

（1）测线宜高出地面和离开障碍物 1.3m 以上，以减小折光影响。

（2）测线避免通过发热体（如散热塔、烟囱等）和较宽水面上空。

（3）测站应避开受电、磁场干扰的地方，应离开高压线 5m 以外。

（4）测距时避免背景部分有反光物体。

（5）在大气稳定和成像清晰的条件下观测，雾、雨、雪天气不宜观测。

（6）避免暴晒、淋湿仪器，严禁照准头对向太阳。

（7）测站、镜站不准离人；手机、对讲机应远离测线使用。

（8）同时测量干湿温度、气压。

（9）仪器高和棱镜高的量取位置一定要正确。仪器高是标面至测距仪示高点的高度；棱镜高是标面与棱镜中心（镜框上有标志线）的高度，不是测垂直角（或天顶距）照准的觇牌标志线的高度。

5. 导线网与高级控制点的连接

导线连接测量的目的是把高级控制点的坐标和起始边的方位角传递到导线网上。在高级控制点设站观测连接角时，方位角至少应由两个已知方向来传递，为了减小连接角误差对导线精度的影响，测量连接角时的测回数宜为测量相应级别导线转折角测回数的 1.5 倍。

6. 导线测量内业计算

导线测量内业计算包括概算、平差计算和坐标计算三部分。概算就是把地面上观测的成果投影到高斯平面上的计算工作和平差前其他准备工作。平差计算就是消除多余观测带来的几何图形的矛盾，鉴定观测值与平差元素的精度，求出各推算元素（如边长、方位角或坐标值）的最或然值。导线测量的坐标计算主要是根据外业观测的相邻导线边水平夹角，由起算边的坐标方位角，依次计算各导线边的坐标方位角，并结合各导线边的水平距离和起算点的坐标值，采用坐标正算的方法依次计算出各导线边的坐标增量，最终计算出各导线点的坐标值。

## 二、运用 GPS 定位技术布测房产平面控制网

GPS 定位技术的测绘精度、测绘速度和经济效益，都大大地优于目前的常规控制测量技术，可作为房产控制测量的主要手段。对于边长小于 8～10km 的二、三、四等基本控制网和一、二级房产控制网的 GPS 基线向量，都可采用 GPS 快速静态定位的方法，可以成倍地提高观测速度和经济效益。建立 GPS 定位技术布测房产控制网时，应与已有控制点进行联测，联测的控制点不能少于 2 个。

GPS 定位技术相对于常规测量技术的特点：①观测站之间无须通视，保持观测站上空开阔，不受干扰（净空）；②定位精度高，小于 50km 的基线距离上，误差仅为 $1\times10^{-6}\sim2\times10^{-6}$m；③观测时间短，数分钟即可；④提供三维坐标，应用规范；⑤操作简便，主要任务有安装并开关仪器、量取仪器高、监视仪器的工作状态和采集环境气象数据；⑥全天候作业。

城市最高等级的平面控制网为二等网，平均边长为 9km；三角网起始边的边长相对中误差及三边网的边长测量相对中误差均为 1/300000，即城市二等平面控制网的边长相对精度约为 $3\times10^{-6}$km。目前 GPS 测量的相对定位精度，在数十千米范围内约 $1\times10^{-6}$km。从精度方面来看，GPS 测量完全可以满足城市最高等级平面控制网的要求（二等）。在目前情况下，用 GPS 建立大中城市的二等、三等首级平面控制网或用 GPS 与传统大地测量组成的混合网，然后用传统的控制测量方法进行加密，是比较可行的。

GPS 作为一种新兴的高精度的定位工具，随我国房产测量工作的全面展开，已普遍用于建立房产平面控制网，也用于测定房产界址点、房角点、地物点等控制点及某些房产要素的位置。

1. GPS 房产平面控制网的布设

GPS 测量能满足各等级房产平面控制网的精度要求，完全可用 GPS 技术进行房产测量。

在国家或城市一、二、三、四等控制网下加密一、二级房产控制点，采用闭合或附合线路，尽量与高级控制点重合。

布设相应等级的全面网或对原有老网进行全面改造，采用三角网、环形网或混合网（GPS 和经典大地测量）、星形网（房产要素和碎部测量），联测一定数量的常规大地测量控制点。各等级 GPS 相对定位测量的主要技术要求应符合表 3-14 的相关规定。

2. GPS 房产测量作业模式

经典静态相对定位法适用于布设二等平面控制网，快速定位法适用于布设三、四等及一、二级平面控制网，包括快速静态相对定位、准动态相对定位、动态相对定位和 GPS 实时动态测量（RTK）。

（1）经典静态相对定位法

① 作业方式：采用两台（或两台以上）接收设备，分别安置在一条或数条基线的两个端点，同步观测 4 颗以上卫星，每时段长 45 分钟至 2 个小时或更多。作业布置如图 3-1 所示。

② 精度：基线的相对定位精度可达 $5\text{mm}+1\times10^{-6}\cdot D$，$D$ 为基线长度（km）。

③ 适用范围：建立全球性或国家级大地控制网、建立地壳运动监测网、建立长距离检校基线、进行岛屿与大陆联测、钻井定位及建立精密工程控制网等。

④ 注意事项：所有已观测基线应组成一系列封闭图形（图 3-1），以利于外业检核，提高成果可靠度，并且可以通过平差，进一步提高定位精度。

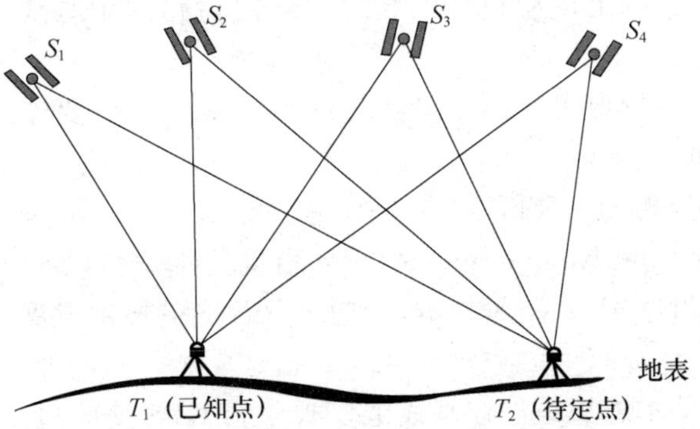


图 3-1　经典静态相对定位

（2）快速静态相对定位

① 作业方法：在测区中部选择一个基准站，并安置一台接收设备连续跟踪所有可见卫星；另一台接收机依次到各点流动设站，每点观测数分钟。作业布置如图 3-2 所示。

② 精度：流动站相对于基准站的基线中误差为 5mm $\pm 1\times 10^{-6}\cdot D$，$D$ 为基线长度（km）。

③ 应用范围：控制网的建立及其加密、工程测量、地籍测量、大批相距百米左右的点位定位，并可用于相应等级房产平面控制网建立、加密及界址点测定等。

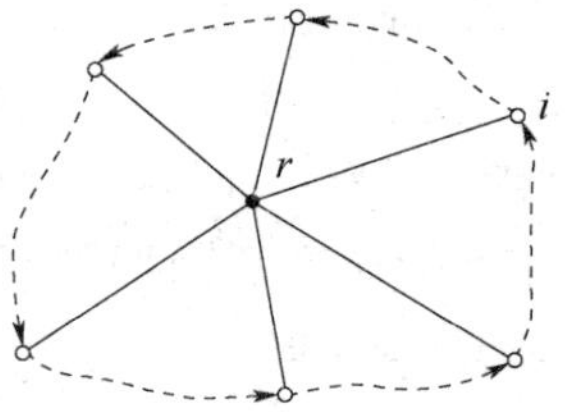


图 3-2　快速静态相对定位

④ 注意事项：在测量时段内应确保有 5 颗以上卫星可供观测；流动点与基准点相距应不超过 20km；流动站上的接收机在转移时，不必保持对所测卫星连续跟踪，可关闭电源以降低能耗。

⑤ 优点：作业速度快、精度高、能耗低；缺点：两台接收机工作时，构不成闭合图形（图 3-2），可靠性差。

（3）准动态相对定位

① 作业方法：在测区选择一个基准点，安置接收机连续跟踪所有可见卫星；将另一台流动接收机先置于起始点观测，在保持对所测卫星连续跟踪而不失锁的情况下，将流动接收机分别在各点观测数秒钟。

② 精度：基线的中误差为 1～2cm。

③ 应用范围：开阔地区的加密控制测量、工程测量、碎部测量及线路测量等。

④ 注意事项：应确保在观测时段上有 5 颗以上卫星可供观测；流动点与基准点距离不超过 20km；观测过程中流动接收机不能失锁，否则应在失锁的流动点上延长观测时间 1～2min。

（4）动态相对定位

① 作业方法：建立一个基准点，安置接收机连续跟踪所有可见卫星。流动接收机先在出发点上静态观测数分钟，然后从出发点开始连续运动，按指定的时间间隔自动跟踪卫星的实时位置。作业布置如图 3-3 所示。

② 精度：相对于基准点的瞬时点位精度 1～2cm。

③ 应用范围：精密测定运动目标的轨迹、测定道路的中心线、剖面测量、航道测量等。

④ 注意事项：需同步观测 5 颗卫星，其中至少 4 颗卫星要连续跟踪；流动点与基准点距离不超过 20km。

（5）GPS 实时动态测量（RTK）

实时动态（Real Time Kinematic，RTK）测量技术，是以载波相位观测量为根据的实时差分 GPS（RTD GPS）测量技术，它是 GPS 测量技术发展中的一个新突破，如图 3-4 所示。

实时动态测量的基本思想是：在基线上安置一台 GPS 接收机，对所有可见 GPS 卫星进行连续测量，并将其观测数据通过无线电传输设备，实时地发送给用户观测站。在用户站上，GPS接收机在接收GPS卫星信号的同时，通过无线电接收设备，接收基准站传输的观测数据，然后根据相对定位的原理，实时地计算并显示用户站的三维坐标及其精度。实时动态测量技术广泛用于房产测量。

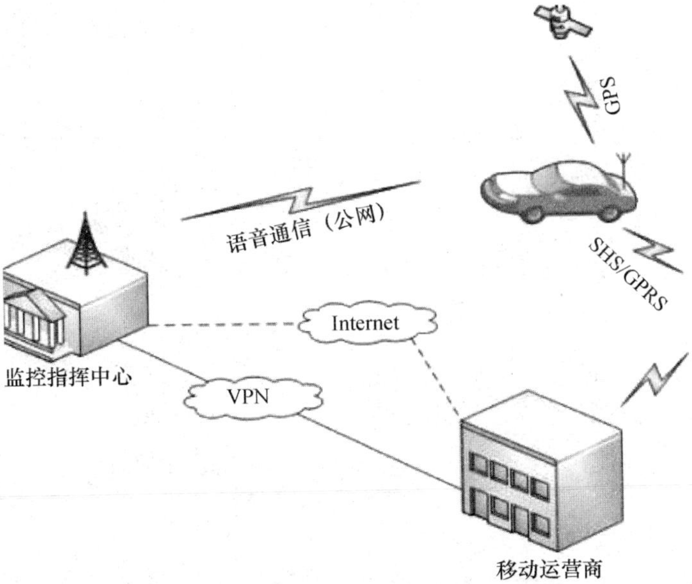


图 3-3　动态相对定位

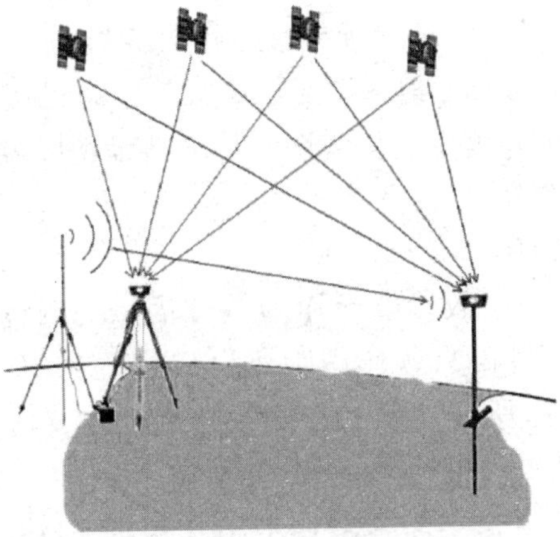

图 3-4　GPS实时动态测量（RTK）

（6）CORS系统

CORS（Continuous Operation Reference Stations）即连续运行参考站系统，为一个或若干个固定的、连续运行的GPS参考站，利用现代计算机、数据通信和互联网（LAN/WAN）技术组成的网络，实时地向不同类型、不同需求、不同层次的用户自动地提供经过检验的不同类型的GPS观测值（载波相位、伪距），各种改正数、状态信息，以及其他有关GPS服务项目的系统，如图3-5所示。

与传统的RTK作业相比，连续运行参考站具有作用范围广、精度高、野外单机作业等众多优点，目前国内一大批城市、省区和行业正经历着一个连续运行参考站及网络系统的建网高潮。该系统适用于房产测量工作。

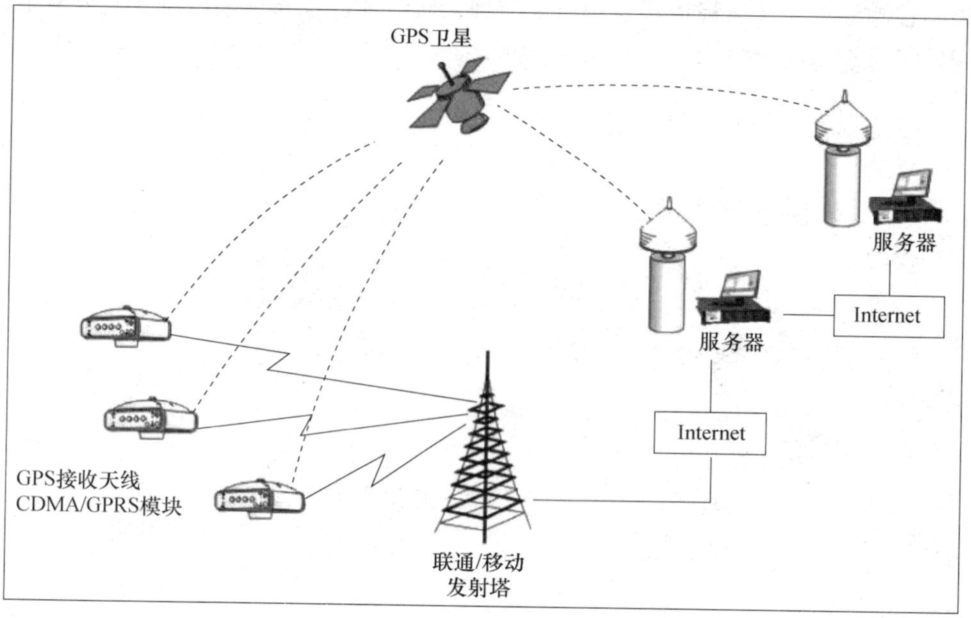


图 3-5　CORS 系统

CORS 系统优势：

① 外业工作轻松、便捷

传统的 RTK 技术中，外出作业必须架设基准站，除携带移动站设备外，仍需携带基准站及供基准站使用的电瓶、发射电缆、三脚架等诸多设备。

而使用 CORS 系统后，外出作业只需携带移动站设备即可，使得外出作业从繁重的设备搬运中解脱出来。

② 增加了有效的作业范围

传统的 RTK 技术中，采用数传电台作为差分信号的载体，受无线电技术的束缚，作业的距离有限，在理想环境下有效作用距离也只能达到 10～20km。随着 RTK 技术的成熟，OEM 主板解算模型所能达到的作用距离已超过 40km，无线电台的瓶颈日益凸显。

CORS 系统摆脱了无线电技术的束缚，采用互联网、GPRS 和 CDMA 作为差分信号传输的载体，借用成熟的网络和移动通信技术，使差分信号的传输再也无距离的限制，充分发挥出 RTK 技术的效能。

③ 降低了系统误差，改善了初始化速度

传统的 RTK 技术中，仪器的架设含有潜在的粗差，同时随着距离的增加，差分信号的质量将会下降，造成移动站初始化时间增加、精度下降。

而在 CORS 系统中，有效地避免了架站粗差的产生，成熟的移动通信技术也保证了差分信号的质量，保障了移动站的初始化速度。

④ 解决了重复的参数求取

传统的 RTK 技术中，每次外出作业时必须到已知点去求取转换参数，以使 GPS 坐标能与当地坐标系统相符。

使用CORS系统后，若有三个以上均匀覆盖整个作业区域的精确当地坐标，可以求取七参数，移动站外出套用七参数即可直接进行作业；若无均匀覆盖整个作业区域的当地坐标，也可将作业区域分为若干小区域，分区域求取四参数，移动站外出分别套用四参数也可直接进行作业。

⑤ 监控数据完整性

传统的RTK技术中，无法对移动站进行实时监控。而在CORS系统中，服务器可实时监控移动站状态，并可保存移动站实时返回的信息，保证了RTK测量数据的完整性。

### 三、利用已有城镇基本控制网

凡符合《城市测量规范》（CJJ 8—2011）要求的二、三、四等城市控制网点和一、二级城市控制点都可利用。

对已布设二、三、四等城市控制网而未布设一、二级导线控制网的地区，可以其为基础，加密一级或二级导线控制网。对已布设一级导线控制网的地区，可以其为基础，加密二级导线控制网。在利用已有控制成果时，应对所利用的成果有目的地进行分析和检查。在检查与使用过程中，如发现有过大误差时，则应进行分析，对有问题的点（存在粗差、点位移动等）可避而不用。

## 项目任务一　城市导线测量实训

### 一、小组成员及仪器设备安排

项目实施以小组为单位，按4～6人/组对授课班级进行分组，每组确定一名组长，负责组织和管理本组成员完成本项工作任务，教师做好现场引导、检查和考核工作，小组成员工作职责见表3-4。

**表3-4　各小组成员工作职责**

| 序号 | 小组成员工作分工 | 小组成员工作职责 | 姓名 | 备注 |
|---|---|---|---|---|
| 1 | 观测员 | 主要负责现场使用仪器采集原始数据工作 | | |
| 2 | 立尺员 | 主要负责确定和处理测量观测点工作 | | |
| 3 | 记录员 | 主要负责现场记录和处理观测数据工作 | | |
| 4 | 绘图员 | 主要负责绘制本项目相关的测量图纸工作 | | |
| 5 | 检查员 | 主要负责控制和检查本组测量精度工作 | | |
| 6 | 资料员 | 主要负责整理和提交本组测量成果工作 | | |

所需仪器设备：全站仪（或经纬仪和测距仪）、皮卷尺（钢卷尺）、计算机、数据处理软件、数据线。

## 二、实施要求、步骤及方法

实施要求：

实训小组在选定开展房产测量的建筑物周边，布设城市一级导线网，选点及布设导线点，采用全站仪外业采集观测数据，使用平差软件内业计算获得控制点三维坐标，精度达到一级导线网技术要求。

实施步骤：

主要实施步骤为：收集资料→现场踏勘→技术设计→检校仪器→选点与埋石→角度、边长测量→内业计算。

实施方法：

（一）收集资料

（1）广泛收集测区及其附近已有的控制测量成果和地形图资料，并对所收集的测量资料进行检查复核，以确定可靠性。

（2）收集控制测量的技术要求和规定，准备相应的规范：《城市测量规范》《国家三、四等水准测量规范》。

（3）了解测区的行政划分、社会治安、交通运输、物资供应、风俗习惯、气象、地质情况。

（二）现场踏勘

携带收集到的测区地形图、控制展点图、点之记等资料到现场踏勘。踏勘主要了解以下内容：

（1）原有的三角点、导线点、水准点、GPS 点的位置，了解觇标、标石和标志的现状，其造标埋石的质量，以便决定有无利用价值。

（2）原有地形图是否与现有地物、地貌相一致，着重踏勘增加了哪些建筑物，为控制网图上设计做准备。

（3）调查测区内交通现状，以便确定合理的高程测量方案，测量时选择适当的交通工具。

（4）现场踏勘应做好记录。

（三）技术设计

技术设计是根据项目的规模、测量精度的要求及合同、业主和监理的要求，结合测区自然地理条件的特征，设计最佳布网方案和观测方案，保证在规定期限内多快好省地完成生产任务，并依据工程设计意图及其对控制网的精度要求，拟定合理布网方案，利用测区地形地物特点在图上设计一个图形结构强的网形。

（四）检校仪器

按规范要求在控制测量作业前对准备使用的仪器和配套的器具进行检定和校准。

（五）选点与埋石

选点是把图上设计的点位落实到实地，并根据具体情况进行修改。边角网点选在通视良好、交通方便、地基稳定且能长期保存的地方，观测视线要能避开障碍物。

埋设地面标石是将灌制好的嵌有金属中心标志的标石浇筑埋设于地面。其过程是：挖基坑，坑底要整平夯实，再填砂石捣固，浇底层混凝土树标石并浇筑混凝土。基岩层上或坚硬的混凝土路面上，可以直接钻孔，将刻有中心标志的胀锚螺栓打入孔内。标石埋好后要稳定至少 15 天才能开始观测。

（六）角度、边长测量

导线测量中的角度观测分为左角测量和右角测量，左右角的区分以导线前进方向上左手边的角为左角，右手边的角为右角。导线的距离测量可以采用钢尺量距和电磁波测距两种方式。本次距离测量采用电磁波测距的方法进行，要求在测站记录中记录平距。具体技术规定遵循《城市测量规范》（CJJ/T 8—2011）。

（七）内业计算

项目可采用南方平差易软件做城市控制测量平差计算，方法为：①控制网数据录入；②坐标推算；③坐标概算；④选择计算方案；⑤闭合差计算与检核；⑥平差计算；⑦平差报告的生成和输出。

## 三、技术要求

导线测量主要精度指标按照《城市测量规范》（CJJ/T 8—2011）要求，具体见表 3-5～表 3-9，如在现场发现观测和计算数据超过限差要求，及时查明原因，进行必要的重测，直至精度合格，避免较大返工而影响工作效率。

**表 3-5 布设平面控制网主要技术指标**

| 等级 | 闭合环或附合导线长度（km） | 平均边长（m） | 测距中误差（mm） | 测角中误差（″） | 导线全长相对闭合差 |
|---|---|---|---|---|---|
| 三等 | ≤15 | 3000 | ≤±18 | ≤±1.5 | ≤1/60000 |
| 四等 | ≤10 | 1600 | ≤±18 | ≤±2.5 | ≤1/40000 |
| 一级 | ≤3.6 | 300 | ≤±15 | ≤±5 | ≤1/14000 |
| 二级 | ≤2.4 | 200 | ≤±15 | ≤±8 | ≤1/10000 |

**表 3-6 导线测量水平角观测技术指标**

| 等级 | 测回数 | | | 方位角闭合差（″） |
|---|---|---|---|---|
| | $DJ_1$ | $DJ_2$ | $DJ_6$ | |
| 三等 | 8 | 12 | — | $\leqslant\pm3\sqrt{n}$ |
| 四等 | 4 | 6 | — | $\leqslant\pm5\sqrt{n}$ |
| 一级 | — | 2 | 4 | $\leqslant\pm10\sqrt{n}$ |
| 二级 | — | 1 | 3 | $\leqslant\pm16\sqrt{n}$ |

注：$n$ 为测站数。

**表 3-7 方向观测法各项限差（″）**

| 经纬仪型号 | 光学测微器两次重合读数差 | 半测回归零差 | 一测回 2C 较差 | 同一方向值各测回较差 |
|---|---|---|---|---|
| $DJ_1$ | 1 | 6 | 9 | 6 |
| $DJ_2$ | 3 | 8 | 13 | 9 |
| $DJ_6$ | — | 18 | — | 24 |

注：当观测方向的垂直角大于±3°时，该方向 2 倍照准差的变动范围，可按相邻测回同一方向进行比较，手簿中注明。

**表 3-8　垂直角观测方法及测回数**

| 方法 | 测回数 | | | |
|---|---|---|---|---|
| | 精度：5″～10″ | 精度：10″～30″ | | 精度：30″以上 |
| | $DJ_2$ | $DJ_2$ | $DJ_6$ | $DJ_6$ |
| 对向观测，中丝法 | 2 | 1 | 2 | 1 |
| 单向观测，中丝法 | 3 | 2 | 3 | 2 |

**表 3-9　测距仪观测结果各项较差的限差**

| 测距仪精度等级 | 一测回读数间较差限值（mm） | 单程读数差（测回较差限值）（mm） | 往返测或不同时间段内观测结果较差 |
|---|---|---|---|
| Ⅰ | 5 | 7 | 2（$a+b\times D$） |
| Ⅱ | 10 | 15 | |

注：

① 往返测较差，应将斜距划算到同一水平面上，方可进行比较。

② $a$、$b$ 为光电测距仪的标称精度指标；$a$ 为固定误差，mm；$b$ 为比例误差系数；$D$ 为测距边长，m。

外业观测数据参照表 3-10、表 3-11 所示样表内容及格式，记录在本项目附录所对应的表格中。

**表 3-10　导线测量外业观测记录表 1（样表）**

观测日期：　　　　天气：　　　　成像：　　　　仪器型号：　　　仪器编号：

| 测站点 | 测回数 | 照准点 | 水平度盘读数 | | 2C（″） | 2C 互差（″） | （左+右）/2（° ′ ″） | 一测回归零方向值（° ′ ″） | 各测回归零方向平均值（° ′ ″） | 水平距离（m） | | | 平均水平距离（m） | 备注（仪高、镜高） |
|---|---|---|---|---|---|---|---|---|---|---|---|---|---|---|
| | | | 盘左（° ′ ″） | 盘右（° ′ ″） | | | | | | | | | | |
| | | | | | | | | | | | | | | |
| | | | | | | | | | | | | | | |
| | | | | | | | | | | | | | | |
| | | | | | | | | | | | | | | |

**表 3-11　导线测量外业观测记录表 2（样表）**

观测日期：　　　　天气：　　　　成像：　　　　仪器型号：　　　仪器编号：

| 测站点 | 测点 | 竖盘位置 | 竖盘读数（° ′ ″） | 半测回竖直角（° ′ ″） | 指标差（° ′ ″） | 一测回竖直角（° ′ ″） |
|---|---|---|---|---|---|---|
| | | 盘左 | | | | |
| | | 盘右 | | | | |
| | | 盘左 | | | | |
| | | 盘右 | | | | |

采用南方平差易软件，如图 3-6 所示，对外业观测数据进行平差计算，具体内容可查阅控制测量相关教材，在此不再赘述。

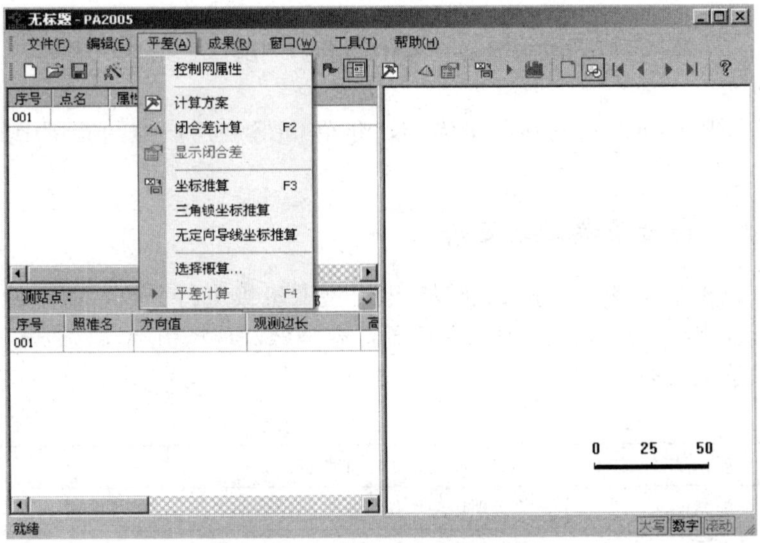


图 3-6　南方平差易软件主界面

## 四、考核及评价

项目按照时间、质量、安全、环保、文明五个方面要求进行考核。学生按照表 3-12 的要求进行自评和互评，教师进行总评，最终形成各组完成该项目的考核成绩。

**表 3-12　项目考核评价表**

小组序号：________________项目实施时间及地点：________________

小组成员姓名：________________

总　　分：________________

| 序号 | 考核项目 | 考核内容及要求 | 评分标准 | 配分 | 学生自评 15% | 学生互评 25% | 教师考评 60% | 得分 |
|---|---|---|---|---|---|---|---|---|
| 1 | 时间要求 | 8 学时 | 超时扣分，10 分/学时 | 20 | | | | |
| 2 | 质量要求 | 仪器参数设置 | 1. 仪器参数设置有误，扣 5 分/处；<br>2. 控制点设置不牢固，扣 2 分/处 | 30 | | | | |
| | | 导线测量 | 1. 观测数据误差值超过规定要求，每 1″（或 1mm）/2 分；<br>2. 控制点精度超过规范要求，扣 3 分/处，错误扣 5 分/处；<br>3. 仪器操作不规范，扣 10 分 | 40 | | | | |
| | | 误差调整 | 处理方法不当扣 5 分 | 10 | | | | |
| 3 | 安全要求 | 遵守安全操作规程 | 1. 未按要求穿工作服扣 2 分；<br>2. 保护设备不当扣 3 分 | | | | | |
| 4 | 环保要求 | 遵守环保生产规则 | 不遵守酌情扣 1～5 分 | | | | | |
| 5 | 文明要求 | 遵守文明生产规则 | 不遵守酌情扣 1～5 分 | | | | | |

# 项目任务二　GPS 房产测量实训

本项目主要以 CORS 流动站测量为例，介绍 GPS 在房产控制测量中的实施步骤及要求。

## 一、小组成员及仪器设备安排

项目实施以小组为单位，按 4～6 人/组对授课班级进行分组，每组确定一名组长，负责组织和管理本组成员完成本项工作任务，教师做好现场引导、检查和考核工作，小组成员工作职责见表 3-13。

**表 3-13　各小组成员工作职责**

| 序号 | 小组成员工作分工 | 小组成员工作职责 | 姓名 | 备注 |
|---|---|---|---|---|
| 1 | 观测员 | 主要负责现场使用仪器采集原始数据工作 | | |
| 2 | 立尺员 | 主要负责确定和处理测量观测点工作 | | |
| 3 | 记录员 | 主要负责现场记录和处理观测数据工作 | | |
| 4 | 绘图员 | 主要负责绘制本项目相关的测量图纸工作 | | |
| 5 | 检查员 | 主要负责控制和检查本组测量精度工作 | | |
| 6 | 资料员 | 主要负责整理和提交本组测量成果工作 | | |

各组所需仪器设备：GPS 接收机、钢卷尺、移动电话卡、计算机、U 盘或数据线。

## 二、实施要求、步骤及方法

实施要求：

实训小组在选定的开展房产测量的建筑物周边，布设一级 GPS 房产控制网，选点及布设 GPS 控制点（部分点与项目任务一的导线点重合），采用 CORS 流动站观测直接获得控制点三维坐标，并可对比检查与项目任务一重合的导线点坐标值，判别点位精度优劣。

实施步骤：

主要实施步骤为：收集资料→现场踏勘→技术设计→检校仪器→选点与埋石→GPS 测量→内业整理资料。

实施方法：

（一）收集资料

（1）广泛收集测区及其附近已有的控制测量成果和地形图资料，并对所收集的测量资料进行检查复核，以确定可靠性。

（2）收集控制测量的技术要求和规定，准备相应的规范：《城市测量规范》《国家三、四等水准测量规范》。

（3）了解测区的行政划分、社会治安、交通运输、物资供应、风俗习惯、气象、地质情况。

（二）现场踏勘

携带收集到的测区地形图、控制展点图、点之记等资料到现场踏勘。踏勘主要了解以下内容：

（1）原有的三角点、导线点、水准点、GPS点的位置，了解觇标、标石和标志的现状，其造标埋石的质量，以便决定有无利用价值。

（2）原有地形图是否与现有地物、地貌相一致，着重踏勘增加了哪些建筑物，为控制网图上设计做准备。

（3）调查测区内交通现状，以便确定合理的高程测量方案，测量时选择适当的交通工具。

（4）现场踏勘应做好记录。

（三）技术设计

依据工程设计意图及其对控制网的精度要求，拟定合理布网方案，利用测区地形、地物特点在图上设计一个图形结构强的网形。在实际布网设计时遵循以下几个原则：

（1）GPS网一般应采用独立观测边构成闭合图形，如三角形、多边形或附合线路，以增加检核条件，提高网的可靠性。

（2）GPS网作为测量控制网，其相邻点间基线向量的精度应分布均匀。

（3）GPS网点应尽量与原有地面控制点相结合。重合点一般不少于3个（不足时应联测），且在网中分布均匀，以可靠地确定GPS网与地面之间的转换参数。

（4）GPS网点应考虑与水准点重合，而非重合点，一般应根据要求以水准测量（或相当精度的测量方法）进行联测，或在网中布设一定密度的水准联测点。

（5）为了便于GPS的测量观测和水准联测，减少多路径影响，GPS网点一般应设在视野开阔和交通便利的地方。

（6）为了便于用经典方法联测或扩展，可在GPS网点附近布设一通视良好的方位点以建立联测方向，方向点与观测站距离一般应大于300m。

（四）检校仪器

按规范要求在控制测量作业前对准备使用的仪器和配套的器具进行检定和校准。

（五）选点与埋石

由于GPS测量观测站之间不一定要求相互通视，而且网的图形结构比较灵活，所以选点工作比常规控制测量的选点要简便。但由于点位的选择对于保证观测工作的顺利进行和保证测量结果的可靠性有着重要的意义，所以选点工作还应遵守以下原则：

（1）应设在易于安装接收设备、视野开阔的较高点上；

（2）目标要显著，视场周围15°以上不应有障碍物，以减小GPS信号被遮挡或被障碍物吸收；

（3）应远离大功率无线电发射源（如电台、微波站等），其距离不小于200m；远离高压输电线和微波无线电信号传送通道，其距离不得小于50m，以避免电磁场对GPS信号的干扰；

（4）附近不应有大面积水域或强烈干扰卫星信号接收的物体，以减弱多路径效应的影响；

（5）应选在交通方便，有利于其他观测手段扩展与联测的地方；

（6）基础稳定，易于点的保存；

（7）人员应按技术设计进行踏勘，在实地按要求选定点位。当利用旧点时，应对旧点的稳定性、完好性，以及觇标是否安全、可用性进行检查，符合要求方可利用。

GPS 点应埋设具有中心标志的标石，以精确确定点位，点的标石和标志必须稳定、坚固，以便长久保存和利用。每个点位标石埋设结束后，应提交以下资料：

（1）点的记录。

（2）GPS 网的选点网图。

（3）土地占用批准文件与测量标志委托保管书。

（4）选点与埋石工作技术总结。

（六）GPS 测量

各作业组必须严格遵守调度命令，按规定的时间进行作业；经检查接收机电源电缆和天线等连接无误后方可开机；只有在有关指示灯和仪表显示正常后方可进行接收机的自我测试，输入测站、观测段单元和时段等控制信息。在观测前和作业过程中，作业员应及时填写测量手簿中的记录项目，按要求进行相关观测记录。

观测期间防止接收设备震动，更不得移动天线，要防止人员和其他物体碰动天线或阻挡信号；经认真检查，所有预定的作业项目均已全面完成且符合要求，记录和资料完整无误，方可迁站。

利用 CORS 流动站实施控制测量，必须采用脚架对中的方式。天线高的量测应精确到毫米，开始作业前天线高应重复量测两次，两次较差小于 3mm 取其平均值，否则重新量测。测后应再次量测天线高，量测值与测前平均值较差大于 3mm 时，必须重新进行观测。控制点平面和高程成果应在限差之内取各测回结果的平均值。

（七）内业整理资料

GPS 测量任务完成后，上交如下资料：

（1）测量任务书与专业设计书；

（2）点之记、环视图和测量标志委托保管书；

（3）外业观测记录（包括原始记录的存储介质及其备份）、测量手簿及其他记录（包括偏心观测）；

（4）接收设备、气象及其他仪器的检验资料；

（5）外业观测数据质量分析及野外检核计算资料；

（6）数据加工处理中生成的文件（含磁盘文件）、资料和成果表；

（7）GPS 网展点图；

（8）技术总结和成果检查报告。

## 三、技术要求

CORS 流动站测量主要精度指标符合《全球定位系统城市测量技术规程》（CJJ 73—2019）、《全球定位系统实时动态测量（RTK）技术规范》（CH/T 2009—2010）和《全球定位系统（GPS）测量规范》（GB/T 18314—2009）要求，如在现场发现观测和计算数据超过限差要求，及时查明原因，进行必要的重测，直至精度合格，避免较大返工而影响工作效率。

《卫星定位城市测量技术规范》对 GPS 控制测量的技术要求见表 3-14～表 3-17。

**表 3-14　GPS 网的主要技术要求**

| 等级 | 平均边长（km） | $a$（mm） | $b$（$1\times10^{-6}$） | 最弱边相对中误差 |
|---|---|---|---|---|
| 二等 | 9 | ≤5 | ≤2 | 1/120000 |
| 三等 | 5 | ≤5 | ≤2 | 1/80000 |
| 四等 | 2 | ≤10 | ≤5 | 1/45000 |
| 一级 | 1 | ≤10 | ≤5 | 1/20000 |
| 二级 | <1 | ≤10 | ≤5 | 1/10000 |

注：边长小于 200m 时，边长中误差≤±2cm。二、三、四等网相邻点最小边长不宜小于平均边长的 1/2，最长边长不宜超过平均边长的 2 倍。一、二级网最大边长可在平均边长的基础上放宽 1 倍。

**表 3-15　闭合环或附合线路边数的规定**

| 等级 | 二等 | 三等 | 四等 | 一级 | 二级 |
|---|---|---|---|---|---|
| 闭合环或附合线路的边数（条） | ≤6 | ≤8 | ≤10 | ≤10 | ≤10 |

**表 3-16　GNSS 接收机的选用**

| 项目＼等级 | 二等 | 三等 | 四等 | 一级 | 二级 |
|---|---|---|---|---|---|
| 接收机类型 | 双频 | 双频或单频 | 双频或单频 | 双频或单频 | 双频或单频 |
| 标称精度 | ≤（$5mm+2\times10^{-6}d$） | ≤（$5mm+2\times10^{-6}d$） | ≤（$10mm+2\times10^{-6}d$） | ≤（$10mm+5\times10^{-6}d$） | ≤（$10mm+5\times10^{-6}d$） |
| 观测量 | 载波相位 | 载波相位 | 载波相位 | 载波相位 | 载波相位 |
| 同步观测接收机数 | ≥4 | ≥4 | ≥3 | ≥3 | ≥3 |

**表 3-17　GNSS 测量各等级作业的基本技术要求**

| 项目 | 观测方法＼等级 | 二等 | 三等 | 四等 | 一级 | 二级 |
|---|---|---|---|---|---|---|
| 卫星高度角（°） | 静态 | ≥15 | ≥15 | ≥15 | ≥15 | ≥15 |
| | 快速静态 | | | | | |
| 有效观测同类卫星数 | 静态 | ≥4 | ≥4 | ≥4 | ≥4 | ≥4 |
| | 快速静态 | — | ≥5 | ≥5 | ≥5 | ≥5 |
| 平均重复设站数 | 静态 | ≥2 | ≥2 | ≥2 | ≥1.6 | ≥1.6 |
| | 快速静态 | — | ≥2 | ≥2 | ≥1.6 | ≥1.6 |
| 时段长度（min） | 静态 | ≥90 | ≥60 | ≥60 | ≥45 | ≥45 |
| | 快速静态 | — | ≥20 | ≥20 | ≥15 | ≥15 |
| 数据采样间隔（s） | 静态 | 10～60 | 10～60 | 10～60 | 10～60 | 10～60 |
| | 快速静态 | | | | | |

使用 CORS 流动站进行测量作业时应注意 GPS 卫星数量、分布等观测窗口状况，其初始化条件应符合表 3-18 的规定。

**表 3-18 RTK 作业中 GNSS 卫星状况的基本要求**

| 观测窗口状态 | 15°以上的卫星个数 | PDOP 值 |
|---|---|---|
| 良好 | ≥6 | <6 |
| 勉强可用的窗口 | 5 | ≤8 |
| 避免观测的窗口 | <5 | >8 |

每测回采集的历元（自动观测值）个数应符合表 3-19、表 3-20 的要求，所有的观测均应在固定解稳定收敛后进行，按附表 6 和附表 7 的要求填写相应记录表。控制点测量，单次观测的平面收敛精度小于 1.5cm，高程收敛精度小于 2cm。碎部点测量，单次观测的平面收敛精度小于 2cm，高程收敛精度小于 3cm。

**表 3-19 CORS-RTK 平面测量主要技术要求**

| 等级 | 相邻点间距离（m） | 时段数 | 测回数 | 点位中误差（cm） | 边长相对中误差 |
|---|---|---|---|---|---|
| 一级 | ≥500 | 2 | ≥4 | 5 | ≤1/20000 |
| 二级 | ≥300 | 1 | ≥3 | 5 | ≤1/10000 |
| 图根 | ≥100 | 1 | ≥2 | 5 | ≤1/4000 |
| 碎部 | — | 1 | ≥1 | 图上 0.5mm | — |

**表 3-20 CORS 流动站高程测量技术要求**

| 等级 | 时段数 | 总测回数 | 观测历元数 | 同一时段测回间高程互差 | 时段间高程互差 |
|---|---|---|---|---|---|
| 图根 | 1 | 2 | ≥10 | ≤3cm | — |
| 碎部点 | 1 | 1 | ≥5 | — | — |

当初始化时间超过 3min 仍不能获得固定解时，宜断开通信链路，重启卫星定位接收机，再次进行初始化操作。此外，还可以提高卫星高度截止角，或增加仪器的高度、或选择不同的多路径效应消除模式进行测量。

重试次数超过三次仍不能获得初始化时，应取消本次测量，对现场观测环境和通信链路进行分析，选择观测和通信条件较好的其他位置重新进行测量。严禁私自频繁更换其他用户名及登录密码尝试登录，干扰其他用户的正常使用。

CORS 流动站观测时距接收机 10m 范围内禁止使用对讲机、手机等电磁发射设备。遇雷雨应关机停测，并卸下天线以防雷击。

外业观测数据参照表 3-21～表 3-23 内容及格式记录在本章附件里所对应的表格中。

**表 3-21 一级 GPS 控制点测量较差分析表（样表）** （单位：m）

<table>
<tr><td rowspan="4">序号</td><td rowspan="4">点号</td><td>$X_1$</td><td>$Y_1$</td><td>$H_1$</td><td colspan="2">第一时段测回间互差</td><td colspan="2" rowspan="2">时段间互差</td><td colspan="3" rowspan="2">平均值</td><td rowspan="2">测量<br>时间</td></tr>
<tr><td>$X_2$</td><td>$Y_2$</td><td>$H_2$</td><td>$\Delta S$</td><td>$\Delta H$</td></tr>
<tr><td>$X_3$</td><td>$Y_3$</td><td>$H_3$</td><td colspan="2">第二时段测回间互差</td><td rowspan="2">$\Delta S$</td><td rowspan="2">$\Delta H$</td><td rowspan="2">$X$</td><td rowspan="2">$Y$</td><td rowspan="2">$H$</td><td rowspan="2">$yy\ MM$<br>$dd\ HH$</td></tr>
<tr><td>$X_4$</td><td>$Y_4$</td><td>$H_4$</td><td>$\Delta S$</td><td>$\Delta H$</td></tr>
<tr><td rowspan="4"></td><td rowspan="4"></td><td></td><td></td><td></td><td colspan="2" rowspan="2"></td><td rowspan="4"></td><td rowspan="4"></td><td rowspan="4"></td><td rowspan="4"></td><td rowspan="4"></td><td rowspan="2"></td></tr>
<tr><td></td><td></td><td></td></tr>
<tr><td></td><td></td><td></td><td colspan="2" rowspan="2"></td><td rowspan="2"></td></tr>
<tr><td></td><td></td><td></td></tr>
</table>

表 3-22　二级 GPS 及图根控制点测量较差分析样表（样表）　　（单位：m）

| 序号 | 点号 | $X_1$ | $Y_1$ | $H_1$ | 测回间互差 | | 平均值 | | | 测量时间 |
|---|---|---|---|---|---|---|---|---|---|---|
| | | $X_2$ | $Y_2$ | $H_2$ | $\Delta S$ | $\Delta H$ | $X$ | $Y$ | $H$ | *yy MM dd HH* |
| | | | | | | | | | | |
| | | | | | | | | | | |

表 3-23　已知控制点精度检核表（样表）　　（单位：m）

| 序号 | 点名 | $X$ 已知值 | $Y$ 已知值 | $H$ 已知值 | $X$ 检测值 | $Y$ 检测值 | $H$ 检测值 | $\Delta S$ | $\Delta H$ | 备注 |
|---|---|---|---|---|---|---|---|---|---|---|
| | | | | | | | | | | |

## 四、考核及评价

项目按照时间、质量、安全、环保、文明五个方面要求进行考核。学生按照表 3-24 的要求进行自评和互评，教师进行总评，最终形成各组完成该项目的考核成绩。

表 3-24　项目考核评价表

小组序号：____________项目实施时间及地点：____________

小组成员姓名：____________

总　分：____________

| 序号 | 考核项目 | 考核内容及要求 | 评分标准 | 配分 | 学生自评 15% | 学生互评 25% | 教师考评 60% | 得分 |
|---|---|---|---|---|---|---|---|---|
| 1 | 时间要求 | 4 学时 | 超时倒扣分，10 分/学时 | 20 | | | | |
| 2 | 质量要求 | 仪器参数设置 | 1. 仪器参数设置有误，扣 5 分/处；<br>2. 控制点设置不牢固，扣 2 分/处 | 30 | | | | |
| | | GPS 测量 | 1. 观测数据误差值超过规定要求，每超过 1″（或 1mm）扣 2 分；<br>2. 控制点精度超过规范要求，扣 3 分/处，错误扣 5 分/处；<br>3. 仪器操作不规范，扣 10 分 | 40 | | | | |
| | | 误差调整 | 处理方法不当扣 5 分 | 10 | | | | |
| 3 | 安全要求 | 遵守安全操作规程 | 1. 未按要求穿工作服扣 2 分；<br>2. 保护设备不当扣 3 分 | | | | | |
| 4 | 环保要求 | 遵守环保生产规则 | 不遵守酌情扣 1～5 分 | | | | | |
| 5 | 文明要求 | 遵守文明生产规则 | 不遵守酌情扣 1～5 分 | | | | | |

## 【项目学习小结】

本项目主要讲述房产平面控制测量的实施流程、测量方法和规范要求。进行房产平面控制测量时，应了解测区场地情况，充分利用原有测量相关资料，做好测前相关准备工作，熟悉并检校好测量仪器设备，采用合适的外业观测方法采集原始测量数据，认真、规范记录并分析原始数据的准确性、可靠性和完整性，及时处理外业观测数据和控制好测量误差，确保房产控制测量精度符合技术要求，最终按时提交本项目成果资料。

附：

## 附表 1　导线测量外业观测记录表(一)

观测日期：　　　天气：　　　成像：　　　仪器型号：　　　仪器编号：

| 测站点 | 测回数 | 照准点 | 水平度盘读数 | | 2C (″) | 2C 互差 (″) | (左+右)/2 (° ′ ″) | 一测回归零方向值 (° ′ ″) | 各测回归零方向平均值 (° ′ ″) | 水平距离 (m) | | | 平均水平距离 (m) | 备注(仪器高、镜高) |
|---|---|---|---|---|---|---|---|---|---|---|---|---|---|---|
| | | | 盘左 (° ′ ″) | 盘右 (° ′ ″) | | | | | | | | | | |
| | | | | | | | | | | | | | | |
| | | | | | | | | | | | | | | |
| | | | | | | | | | | | | | | |
| | | | | | | | | | | | | | | |
| | | | | | | | | | | | | | | |
| | | | | | | | | | | | | | | |
| | | | | | | | | | | | | | | |
| | | | | | | | | | | | | | | |
| | | | | | | | | | | | | | | |
| | | | | | | | | | | | | | | |
| | | | | | | | | | | | | | | |
| | | | | | | | | | | | | | | |

### 附表 2　导线测量外业观测记录表(二)

观测日期：　天气：　成像：　仪器型号：　仪器编号：

| 测站点 | 测点 | 竖盘位置 | 竖盘读数 (° ′ ″) | 半测回竖直角 (° ′ ″) | 指标差 (° ′ ″) | 一测回竖直角 (° ′ ″) |
|---|---|---|---|---|---|---|
| | | 盘左 | | | | |
| | | 盘右 | | | | |
| | | 盘左 | | | | |
| | | 盘右 | | | | |
| | | 盘左 | | | | |
| | | 盘右 | | | | |
| | | 盘左 | | | | |
| | | 盘右 | | | | |
| | | 盘左 | | | | |
| | | 盘右 | | | | |
| | | 盘左 | | | | |
| | | 盘右 | | | | |

**附表 3　导线测量外业观测数据计算表**

| 点号 | 水平角平均值（°　′　″） | 往测距离平均值（m） | 返测距离平均值（m） | 往返测平均距离较差（mm） | 往返测平均距离（m） |
|---|---|---|---|---|---|
| | | | | | |
| | | | | | |
| | | | | | |
| | | | | | |
| | | | | | |
| | | | | | |
| | | | | | |
| | | | | | |
| Σ | | | | | |
| 辅助计算 | 测角中误差计算：<br>测距中误差及相对中误差计算： | | | | |

**附表 4　导线测量坐标计算表**

| 点号 | 内角观测值(° ′ ″) | 角度改正数(″) | 改正后内角(° ′ ″) | 方位角(° ′ ″) | 边长(m) | 坐标增量(m) | | 坐标增量改正数(mm) | | 改正后坐标增量(m) | | 坐标(m) | | 点号 |
|---|---|---|---|---|---|---|---|---|---|---|---|---|---|---|
| | | | | | | $\Delta X$ | $\Delta Y$ | $\delta X$ | $\delta Y$ | $\Delta X$ | $\Delta Y$ | $X$ | $Y$ | |
| | | | | | | | | | | | | | | |
| | | | | | | | | | | | | | | |
| | | | | | | | | | | | | | | |
| | | | | | | | | | | | | | | |
| | | | | | | | | | | | | | | |
| | | | | | | | | | | | | | | |
| Σ | | | | | | | | | | | | | | |
| 辅助计算 | | | | | | | | | | | | | | |

**附表 5　一级导线测量坐标成果表**

| 点号 | 坐标(m) | | 反算坐标方位角<br>(°　′　″) | 反算边长<br>(m) | 备注 |
|---|---|---|---|---|---|
| | X | Y | | | |
| | | | | | |
| | | | | | |
| | | | | | |
| | | | | | |
| | | | | | |
| | | | | | |
| | | | | | |
| | | | | | |
| | | | | | |

## 附表 6　一级 GPS 控制点测量较差分析表（单位：m）

| 序号 | 点号 | $X_1$ | $Y_1$ | $H_1$ | 第一时段测回间互差 | | 时段间互差 | | 平均值 | | | 测量时间 |
|---|---|---|---|---|---|---|---|---|---|---|---|---|
| | | $X_2$ | $Y_2$ | $H_2$ | $\Delta S$ | $\Delta H$ | | | | | | |
| | | $X_3$ | $Y_3$ | $H_3$ | 第二时段测回间互差 | | $\Delta S$ | $\Delta H$ | $X$ | $Y$ | $H$ | *yy MM dd HH* |
| | | $X_4$ | $Y_4$ | $H_4$ | $\Delta S$ | $\Delta H$ | | | | | | |
| 1 | | | | | | | | | | | | |
| | | | | | | | | | | | | |
| | | | | | | | | | | | | |
| | | | | | | | | | | | | |
| 2 | | | | | | | | | | | | |
| | | | | | | | | | | | | |
| | | | | | | | | | | | | |
| | | | | | | | | | | | | |
| 3 | | | | | | | | | | | | |
| | | | | | | | | | | | | |
| | | | | | | | | | | | | |
| | | | | | | | | | | | | |
| 4 | | | | | | | | | | | | |
| | | | | | | | | | | | | |
| | | | | | | | | | | | | |
| | | | | | | | | | | | | |

制表者：　　　　　　　　　　　　校核者：

附表 7　二级 GPS 及图根控制点测量较差分析表(单位:m)

| 序号 | 点号 | $X_1$ / $X_2$ | $Y_1$ / $Y_2$ | $H_1$ / $H_2$ | 测回间互差 | | 平均值 | | | 测量时间 |
|---|---|---|---|---|---|---|---|---|---|---|
| | | | | | $\Delta S$ | $\Delta H$ | $X$ | $Y$ | $H$ | $YY\ MM$ $dd\ HH$ |
| 1 | | | | | | | | | | |
| 2 | | | | | | | | | | |
| 3 | | | | | | | | | | |
| 4 | | | | | | | | | | |
| 5 | | | | | | | | | | |
| 6 | | | | | | | | | | |
| 7 | | | | | | | | | | |
| 8 | | | | | | | | | | |
| 9 | | | | | | | | | | |

制表者：　　　　　　校核者：

附表 8　已知控制点精度检核表(单位:m)

| 序号 | 点名 | $X$ 已知值 | $Y$ 已知值 | $H$ 已知值 | $X$ 检测值 | $Y$ 检测值 | $H$ 检测值 | $\Delta S$ | $\Delta H$ | 备注 |
|---|---|---|---|---|---|---|---|---|---|---|
| 1 | | | | | | | | | | |
| 2 | | | | | | | | | | |
| 3 | | | | | | | | | | |
| ⋮ | | | | | | | | | | |
| | | | | | | | | | | |
| | | | | | | | | | | |
| | | | | | | | | | | |
| | | | | | | | | | | |
| | | | | | | | | | | |
| | | | | | | | | | | |

制表者：　　　　　　　　　　校核者：

# 项目四　房产要素测量

学习目标

房产调查是房屋和房屋用地有关信息采集的重要手段，是房地产测绘的主要任务之一，本章要求了解房产要素测量的相关知识和房产要素的测量方法等，并按要求完成实训内容。

学习重点

界址点的标定、埋设、编号以及界址点的坐标测量方法和精度要求；房产要素的测量方法及宗地草图的绘制。

## 第一节　房产要素测量的相关知识

房产要素包括界址点、境界、房屋及其附属设施、陆地交通、水域和其他相关地物等；房产要素测量包括界址点测量，境界测量，房屋及其附属设施测量，陆地交通、水域测量和其他相关地物测量等；房产要素的测量方法包括野外解析法测量、航空摄影测量、全野外数据采集等；在房屋测量和房屋用地测量中应根据实地情况按需要绘制草图。

### 一、房产要素

（1）界址点又称地界点或拐点，亦即房屋用地界线的转折点处设置的界桩点，在房产测量和管理中，用它来确定房屋用地权界的位置。界址点的连线构成房屋用地范围的地界线。由于每家每户都有房屋用地权界问题，所以在房产测量和管理中，界址点测量是一项专门工作，而且是一项工作量很大，关系到千家万户的房产登记发证的重要工作。

（2）境界包括国界及省、自治区、直辖市界，地区、自治州、盟、地级市界，县、自治县、旗、县级市界、乡、镇界等国内各级行政区划界线。另外，有关规范规定境界中还包括特殊地区界、保护区界。特殊地区界位于行政等级以外，如高新开发区、保税区等。保护区界是指政府部门已认定的保护自然生态平衡、珍稀动植物、自然历史遗迹等的界线，调绘时应调查核实、准确描绘。

（3）房屋及其附属设施包括廊（柱廊、檐廊、架空通廊、门廊、挑廊等）、门、门墩、门顶、室外楼梯、台阶等。

（4）陆地交通包括铁路、站台、天桥、地下建筑物出入口、公路、街道、内部道路、阶梯路、高架路、桥梁（车行桥、双层桥、人行桥）、渡口、涵洞等。

(5) 水域包括江、河、湖、海、池塘、沟渠、水库、坝、防洪堤、水闸、游泳池、水井等。

## 二、界址点测量

界址点根据其所在地区和单位的不同要求，其测定精度有高低之分，共分为三级（表 4-1）。对大中城市繁华地段的界址点及重要建筑物的界址点一般要选用一级或二级，其他地区则可选用三级。例如，城镇街坊的街面、大型工矿企业及大型建筑物的界址点，一般选用一级或二级，而街坊内部隐蔽地区及居民地内部的界址点，可选用三级。

界址点测量，就是根据测区内已布设的控制点，用图根测量的方法，根据不同等级界址点的不同精度要求，测定各个界址点的坐标数值，并编制坐标成果表。

各级界址点相对于邻近控制点的点位误差和间距超过 50m 的相邻界址点间的间距误差，不得超过表 4-1 的规定。

**表 4-1 房产界址点的精度要求**

| 界址点等级 | 界址点相对于邻近控制点的点位误差和相邻界址点间的间距误差 | |
|---|---|---|
| | 限差（m） | 中误差（m） |
| 一 | ±0.04 | ±0.02 |
| 二 | ±0.10 | ±0.05 |
| 三 | ±0.20 | ±0.10 |

间距未超过 50m 的界址点间的间距误差不得超过式（4-1）的计算结果。

$$\Delta D = \pm (m_j + 0.02 m_j D) \qquad (4\text{-}1)$$

式中 $m_j$——相应等级界址点的点位中误差，m；

$D$——相邻界址点间的距离，m；

$\Delta D$——界址点坐标计算的边长与实地量测边长较差的限差，m。

需要测定房角点的坐标时，房角点坐标的精度等级和限差执行与界址点相同的标准；不要求测定房角点坐标时，房产分幅平面图上的房角点相对于邻近控制点的点位中误差不超过图上±0.5mm。

1. 界址点的标定

为了准确测定房屋用地界线，计算房屋用地面积，减少和防止用地纠纷，界址点的标定是一项很慎重的工作。因此，标界工作必须由相邻双方指界人到现场指界，单位使用的土地，要由单位法人代表出席指界，组合丘用地要由该丘各户共同委派代表指界；房屋用地人或法人代表不能亲自出席指界时，应由委托的代理人指界，并均需出具身份证和委托书。经双方认定的界址，必须由双方指界人在房屋用地调查表上签字、盖章。房屋用地指界，一般应与土地管理部门地籍相一致，最好共同进行，确保一致。否则应收集地籍资料作为参考，如一致则可确定，如有差异，应查明原因，搜集证据及证明材料，不要轻易变动。

2. 界址点的埋设

所有界址点在核定之后，如其点位不在固定地物点上，均应埋设标志，并记载标石类型及方位。无法埋设界标的，应在建筑物上以红漆注记界址点符号，示意界址点位置，并在调查表注明墙中线、墙外或墙内，对提供不出证据或有争议的应根据实际使用范围在图上标出争议部位，按未定界处理。

界标的种类大致有混凝土界址标桩、带铝帽的钢钉界址标桩、石灰桩、带孔的可插入棱镜座的铜钉等几种。选用哪一种界标，应根据各界址点的具体情况而定。一般在较为空旷地区的界址点和面积较大的机关、团体、企业、事业单位的界址点，应埋设预制混凝土界址标桩或现场浇筑混凝土界址标桩。混凝土界址标石，由上顶 150mm×150mm，下底 250mm×250mm，高 600mm 的混凝土构成，上顶中心位置嵌入界址点标志或十字标志。

在坚硬的路面或地面上的界址点，应钻孔浇筑或钉设钢钉界址标志；在坚固的房墙（角）或围墙（角）等永久性建筑物处的界址点，可用钢钉或带孔的可插入棱镜座的铜钉。

进行过地籍测量的地方，可以看地籍测量的界址点的标志是否适用，如适用可直接采用，如不适用，则需另行埋设界址点。

3. 界址点的编号

界址点的编号以高斯投影的一个整公里格网为编号区，每个编号区的代码以该公里格网西南角的横纵坐标公里值表示。

界址点的编号分为完整编号和简略编号。界址点的完整编号由编号区代码、点的类别代码、点的编号三部分组成，其编号形式如下：

点的完整编号＝编号区代码＋类别代码＋点的编号
（15 位）　　（9 位）　　（1 位）　（5 位）

例：351392648300049。

编号区代码由 9 位数组成，第 1、第 2 位数为高斯坐标投影带的带号或代号，第 3 位数为横坐标百公里数，第 4、第 5 位数为纵坐标的千公里和百公里数，第 6、第 7 位和第 8、第 9 位数分别为横坐标和纵坐标的十公里和整公里数，与房产图编号的前面部分相同。

类别代码用 1 位数表示，其中：1 表示房产平面控制点；2 表示高程控制点；3 表示界址点；4 表示房角点；5 表示高程特征点……

点的编号用 5 位数表示，从 00001～99999 连续顺编。

对于一个城市可使用简略编号。简略编号由横坐标和纵坐标的十公里和整公里数各两位数共四位数组成。编号区的代码，即省略完整编号的投影带号和百公里（含百公里）以上的坐标值。简略编号形式如下：

点的简略编号＝编号区简略代码＋点的类别代码＋点的编号
（10 位）　　　（4 位）　　　（1 位）　　（5 位）

例：2648300049。

所有代码的含义与完整编号相同。在实际生产作业中，仍可按习惯的办法使用作业编号。作业编号根据情况可以自行决定。完整的点的编号由计算机自动完成，同时应自动形成点的完整编号与作业编号的对照表。

4. 界址点坐标的测量

界址点坐标测量的起算点，应是邻近的基本控制点或高级界址点。界址点的测量，可采用极坐标法、交会法、支导线法、正交法等野外解析法测定。导线转折角测左、右角，各测一测回。使用支导线法测量时，必须加强检测，保证测量结果的准确性。

界址点坐标可以单独测量，也可以在全野外数据采集时与其他房地产要素同时测定。一级界址点应单独测量，测距使用Ⅰ级测距仪，测角使用$DJ_2$级的经纬仪（如拓普康 GTS-332N 技术指标为测角 2″，测距 $2+2\times10^{-6}$；徕卡 TC402 技术指标为测角 2″，测距 $2+2\times10^{-6}$），测距读至 1mm，测角测至秒（″），最大测距不超过 200m，尺长改正与温度等气象改正数大于 5mm 时应改正。

界址点精度的检查方法目前有两种：一种是检查坐标，即重测界址点的坐标，计算其差值；另一种是丈量界址点间的边长，计算与坐标反算边长之差。前者称为坐标检核，后者称为间距（边长）检核。实际检核中两种方法混合使用，既能保证界址点坐标的质量，同时又可以节省一些工作量（精度要求见表 4-1）。

5. 丘界线测量

需要测定丘界线边长时，可根据不同情况用界址点的坐标反算，或用全站仪、测距仪，或用钢卷尺丈量，将丘界线测量结果标示在房产分丘图上。对不规则的弧形丘界线，可按折线分段计算或分段丈量，将折线分段标注于分丘图上，供计算丘面积及复丈检测使用。

## 三、境界测量

行政境界测量包括国界线及国内各级行政区划界线的测绘，国界线应根据边界条约或有关边界的正式文件精确绘出。国内各级行政区划界线应根据勘界协议、有关文件准确测绘，各级行政区划界上的界桩、界碑按其坐标值展绘。行政区域界线的成果主要有：

（1）界桩登记表；

（2）界桩成果表；

（3）边界点位置和边界走向说明；

（4）边界协议书附图；

（5）各级行政区域界线详图。

在收集和使用上述成果时，要特别注意更新与修测的成果资料，同时还应注意上述行政区域界线成果的批准部门和批准时间。

境界线分为已定界和未定界两种情况，描绘时应按实际情况用不同的符号进行描述。房地产测绘人员无权确定各级行政区域界线，只能将其描述至房产分幅图上或分丘图上，并使房地产测绘成果与其保持一致，不产生矛盾。

## 四、房屋及其附属测量

1. 房屋测量

房屋应逐幢测绘，不同产别、不同建筑结构、不同层数的房屋应分别测量。独立成幢房屋，以房屋四面墙体外侧为界测量；毗连房屋的四面墙体，在房屋所有人指界下，区分自有、共有或借墙，以墙体所有权范围为界测量。每幢房屋除按规范要求的精度测定其平面位置外，应分幢分户丈量作图。丈量房屋按外墙勒脚以上墙角为准，测绘房屋依外墙水平投影为准。在测量房屋四面墙体外侧或测量房屋墙角点坐标时应标明房屋墙体的归属。

2. 房屋附属设施测量

有柱走廊，按柱的外围为准；无柱走廊（包括檐廊），以外轮廓投影为准；架空通廊，以外轮廓水平投影为准，门廊以柱或围护物外围为准；挑廊和阳台以水平投影为准；围护结构不规则或难以确定的，以底板投影为准；独立柱和单排柱的门廊、雨篷、车棚、货棚、站台、门顶以顶盖投影为准，并测绘柱的位置；门墩、台阶、室外楼梯以外围投影为准。

3. 房角点测量

房角点测量，指对建筑物角点测量，其点的编号方法除点的类别代码外，其余均与界址点测量相同，房角点的类别代码为 4。房角点测量，可在墙角设置标志；也可以不设标志，以房角外墙勒脚以上（100±20）cm 处的墙角为测点，测定其坐标。房角测量一般采用极坐标法、正交法。对正规的矩形建筑物，可直接测定房屋的三个房角点的坐标，另一个房角点的坐标可通过计算求出。

4. 独立地物测量

独立地物测量，应根据地物的几何图形测定其定位点。亭以柱的外围为准；塔、烟囱、罐以底部外围轮廓为准；水井以井的中心为准。

### 五、交通和水域测量

1. 铁路、道路、桥梁的测绘

铁路以轨距外缘为准；道路以路缘为准；桥梁以桥头和桥身外围投影为准。

2. 水域的测绘

河流、湖泊、水库等水域以岸边线为准；沟渠、池塘以坡顶为准。

3. 其他相关地物测量

其他相关地物是指天桥、站台、阶梯路、游泳池、消火栓、检阅台、碑以及地下构筑物等。消火栓、碑不测其外围轮廓，以符号中心定位。天桥、阶梯路均依比例绘出，取其水平投影位置。站台、游泳池均依边线测绘，内加简注“站台”“游泳”。地下铁道、过街地道等不测其地下物的位置，只表示出入口位置，且注意入口方向。

## 第二节　房产要素测量的主要方法

### 一、野外解析测量

常用的野外解析测量方法有极坐标法、正交法、线交会法等。

极坐标法测量由平面控制点或自由设站的测量站点，通过测量方向和距离，来测定目标点的位置。界址点的坐标一般应有两个不同测站点测定的结果，取两成果的中数作为该点的最后结果。对间距很短的相邻界址点应由同一条线路的控制点进行测量。极坐标法测量可用全站仪，也可用经纬仪配以光电测距仪或其他符合精度要求的测量设备。

正交法又称直角坐标法，它是借助测线和短边支距测定目标点的方法。正交法使用钢卷尺丈量距离配以直角棱镜作业。支距长度不得超过 50m。使用的钢卷尺须经检验合格并加以改正。

线交会法又称距离交会法，它是借助控制点、界址点和房角点的解析坐标值，按三边测量定出测站点坐标，以测定目标点的方法。

《房产测量规定》中对于使用何种测量方法没有限制，但最后必须保证所测各点相对于房产平面控制点的点位中误差不超过±0.05m，最大限差为±0.10m，凡能保证此精度的方法都可采用。对于极坐标法和线交会法，保证这样的精度较为容易，并不需要采取另外的特殊措施。但当测定一级界址点时则例外，应按界址点坐标测量的有关要求进行，否则难以达到一级界址点所规定的精度。对一级界址点坐标的测量，一般应使用极坐标法，不使用线交会法或正交法。

## 二、航空摄影测量

在《房产测量规定》中仍有这种方法，但在使用中应根据各城市自身的地理特点和需求等实际情况，通过比较和分析进行选用，但由于选用的方法涉及房地产成果的质量与精度，也涉及房地产测量的经济效益和投资，因此应该谨慎地进行选择（具体内容略）。

## 三、全野外数据采集

全野外数据采集用全站仪（全站式电子速测仪）或电子速测仪和电子记簿，以及便携式计算机所组成的野外数据采集系统，记录的数据可以直接传输至计算机，通过人机交互处理生成图形数据文件，可自动绘制房地产图。当前，多数房产测绘单位均采用全野外数据采集进行房地产要素测量和数据的采集。

全野外数据采集的方法，可以获得高质量的信息采集数据，可为房地产信息系统提供高质量的基础数据。尽管目前其成本较高，从长远考虑，应鼓励采用这一方法。

全野外数据采集宜使用精度不低于Ⅲ级的全站仪，即其测距精度不低于Ⅱ级，其1km的测距中误差小于10mm；经纬仪精度不低于$DJ_6$，即其测角中误差不大于±6″。

在测站上，以较远点定向，以另一已知点做检核，检核较差不得超过±0.1m，数据采集结束后，应对起始方向进行检查。

观测时，仪器对中误差不超过±3mm；仪器高、觇标高取至厘米；加、乘常数改正不超过1cm时可不进行改正。水平角和垂直角读至1′，测距读至1mm。最大距离一般不超过200m，施测困难地区可以适当放宽，但距离超过100m时，水平角读至0.1′；对超过200m的数据，包括测距和测角数据以及气象数据都应从严要求，加强检测。

一级界址点宜单独进行测量，不宜与其他房地产要素同时测量。

## 四、测量草图的绘制

1. 测量草图

测量草图是地块、建筑物、位置关系和房地产调查的实地记录，是展绘地块界址、房屋、计算面积和填写房产登记表的原始依据。在进行房地产测量时，应根据项目内容用铅笔实地绘制测量草图，草图示例说明见附录。测量草图包括房屋用地测量草图和房屋测量草图，本节主要讲房屋测量草图。

2. 房屋测量草图内容及要求

(1) 房屋测量草图均按概略比例尺分层绘制。

(2) 房屋外墙及分隔墙均绘单实线。

(3) 图纸上应注明房产区号、房产分区号、丘（地）号、幢号、层次及房屋坐落，并加绘指北方向线。

(4) 住宅楼单元号、室号、注记实际开门处。

(5) 逐间实量、注记室内净空边长（以内墙面为准)、墙体厚度，数字取至厘米。

(6) 室内墙体凸凹部位在0.1m以上者如柱垛、烟道、垃圾道、通风道等均应表示。

(7) 凡有固定设备的附属用房如厨房、卫生间、电梯、楼梯等均须实量边长，并加必要的注记。

(8) 遇有地下室、覆式房、夹层、假层等应另绘草图。

(9) 房屋外廓的全长与室内分段丈量之和（含墙体厚度）的较差在限差内时，应以房屋外廓数据为准，分段丈量的数据按比例配赋，超限需进行复测。

3. 测量草图的图纸规格

草图用纸可用787mm×1092mm的1/8、1/16、1/32规格的图纸。

4. 测量草图的比例尺

测量草图选择合适的概略比例尺，使其内容清晰易读，在内容较集中的地方可绘制局部图。

5. 测量草图的绘制要求

测量草图应在实地绘制，测量的原始数据不得涂改擦拭。汉字字头一律向北、数字字头向北或向西。

6. 测量草图图式

测量草图的图式符号参照《房产测量规范 第2单元：房产图图式》(GB/T 17986.2—2000) 执行。

# 项目任务　绘制房产测量草图实训

## 一、小组成员及仪器设备安排

项目实施以小组为单位，按4～5人/组对授课班级进行分组，每组确定一名组长，负责组织和管理本组成员完成本项工作任务，教师做好现场引导、检查和考核工作。小组成员工作职责见表4-2。

**表4-2　小组成员工作职责**

| 序号 | 小组成员工作分工 | 小组成员工作职责 | 姓名 | 备注 |
|---|---|---|---|---|
| 1 | 数据采集员2名 | 主要负责现场使用仪器采集界址点坐标工作 | | |
| 2 | 绘图员2名 | 主要负责绘制本项目相关的测量图纸及数据记录工作 | | |

所需仪器设备：测距仪（皮卷尺或钢卷尺）。

## 二、实施要求、步骤及方法

实施要求：各小组选取一幢教学楼，用测距仪（皮卷尺或钢卷尺）进行数据采集并绘制房产测量草图。

实施步骤：人员准备→测区选取→现场踏勘→仪器及耗材准备→采集数据绘制草图。

实施方法：

（一）收集资料

收集控制测量的技术要求和规定，准备相应的规范：《房产测量规范》《城市测量规范》。

（二）现场踏勘

准备仪器耗材前到现场踏勘。踏勘主要了解测区是否有人员无法到达的死角，以便选取相应的数据采集方式及仪器。

（三）野外实测

(1) 光电测距。光电测距时，应进行两次读数，其差值不得超过 1cm。测距成果中，需加入常数、倾斜改正。倾角用经纬仪测半测回。

(2) 钢卷尺量距。在丈量较短的平坦距离时，钢卷尺量距往往比光电测距方便。钢卷尺量距时，宜丈量两次，并进行尺长改正，两次较差的绝对值应小于 5cm。

（四）草图绘制

1. 房屋测量草图内容及要求

(1) 房屋测量草图均按概略比例尺分层绘制。

(2) 房屋外墙及分隔墙均绘单实线。

(3) 图纸上应注明房产区号、房产分区号、丘（地）号、幢号、层次及房屋坐落，并加绘指北方向线。

(4) 住宅楼单元号、室号、注记实际开门处。

(5) 逐间实量、注记室内净空边长（以内墙面为准）、墙体厚度，数字取至厘米。

(6) 室内墙体凸凹部位在 0.1m 以上者如柱垛、烟道、垃圾道、通风道等均应表示。

(7) 凡有固定设备的附属用房如厨房、厕所、卫生间、电梯、楼梯等均需实量边长，并加必要的注记。

(8) 遇有地下室、覆式房、夹层、假层等应另绘草图。

(9) 房屋外廓的全长与室内分段丈量之和（含墙身厚度）的较差在限差内时，应以房屋外廓数据为准，分段丈量的数据按比例配赋。超差需进行复量。

2. 房产测量草图的绘制要求

房产测量草图是在控制测量之后，与房产调查同时或与房产测量同时，依据邻近测量控制点和明显地物点，采用勘丈法进行施测。

(1) 测量草图的图纸规格

草图用纸可用 787mm×1092mm 的 1/8、1/16、1/32 规格的图纸。

(2) 测量草图的比例尺

测量草图选择合适的概略比例尺，使其内容清晰易读。在内容较集中的地方可绘制局部图。

（3）测量草图的绘制要求

测量草图应在实地绘制，测量的原始数据不得涂改擦拭。汉字字头一律向北，数字字头向北或向西。

（4）测量草图图式

测量草图的图式符号参照《房产测量规范　第 2 单元：房产图图式》（GB/T 17986.2—2000）执行。

## 三、考核及评价

项目按照时间、质量、安全、环保、文明五个方面要求进行考核。学生按照表 4-3 的要求进行自评和互评，教师进行总评，最终形成各组完成该项目的考核成绩。

**表 4-3　项目考核评价表**

小组序号：________________项目实施时间及地点：________________________

小组成员姓名：________________________________________________

总　　分：________________

| 序号 | 考核项目 | 考核内容及要求 | 评分标准 | 配分 | 学生自评 15% | 学生互评 25% | 教师考评 60% | 得分 |
|---|---|---|---|---|---|---|---|---|
| 1 | 时间要求 | 8 学时 | 超时倒扣分，10 分/学时 | 20 | | | | |
| 2 | 质量要求 | 成图质量 | 草图有漏绘、标错、涂改，10 分/处 | 60 | | | | |
| 3 | 安全要求 | 遵守安全操作规程 | 1. 未按要求穿工作服扣 2 分；<br>2. 保护设备不当扣 3 分 | 5 | | | | |
| 4 | 环保要求 | 遵守环保生产规则 | 不遵守酌情扣 1～5 分 | 5 | | | | |
| 5 | 文明要求 | 遵守文明生产规则 | 不遵守酌情扣 1～5 分，有打闹嬉戏者扣 10 分 | 10 | | | | |

## 【项目学习小结】

本项目主要讲述房产要素的主要内容，主要有界址点、境界、房屋及其附属设施、陆地交通、水域和其他相关地物等；学生要着重掌握界址点的标定、埋设、编号、坐标的测量方法等内容，并将精度要求牢记于心，最后还应对房产测量草图的绘制方法及应标注的内容熟练掌握。

# 附　房屋测量草图示例

### 房屋测量草图的符号和注记说明

（1）单元号或座号（用 1 位数字或英文字母表示）

（2）室号＝单元（座）号＋层号＋户（室）号，由全幢统一规定。

1位数字或英文字母＋1位或2位数字＋1位或2位数字或英文字母

（3）带点号的房角点（按3位或5位数字表示，不够填0）。

（4）幢内房屋共用部位（此处为公用楼梯）。

（5）封闭阳台外轮廓边长（外墙至外墙之间的距离）。

（6）套内房屋内边长（内墙面至内墙面之间的距离）。

（7）墙厚（墙的厚度的实际尺寸）。

（8）房屋的外边长（外墙至外墙之间的尺寸）。

（9）指北方向线（实际指北方向线，要求房屋外轮廓线平行或垂直于图框）。

（10）幢内某户房屋所有权界范围（短线指向产权主一方，此外为共有墙）。

（11）封闭阳台的外轮廓边长（阳台外围至房屋外墙的尺寸）。

（12）户号或室号的编号方法。

户号或室号一般由：单元（座）号＋层号＋户号或室号。单元（座）号由1位数字或1个英文字母组成；层号由1位或2位数学组成，代表第几层；户号或室号由1位或2位数字或英文字母组成；使用数字还是英文字母，由几位数组成，由幢统一规定。例如：141为18幢楼的1单元4层1号，也可写成1041；A04A，则表示18幢楼的A座（单元）第4层1号。图4-1所示为房产测量草图。

| 房产区名称 | 华侨路街道 | 丘号 | 0117 | 结构 | 混合 |
|---|---|---|---|---|---|
| 房产区号 | 15 | 幢号 | 18 | 层数 | 06 |
| 房产分区号 | 22 | 比例尺 | | 层数 | 4 |
| 坐落 | 华桥路豆莱桥10号 | | | | |

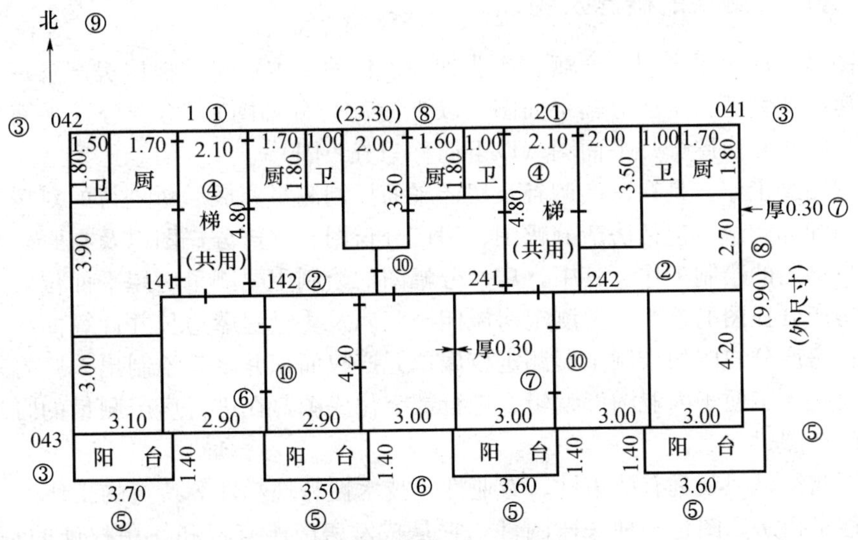


图4-1　房产测量草图

# 项目五　房产图测绘

## 学习目标

了解房产图测绘的基础知识，如房产图的分类及作用、测绘范围、坐标系统和比例尺、测绘精度以及房产图的分幅和编号方式等。熟悉房产图测绘的方法，尤其需掌握解析法界址点测量并进行实地测量；掌握房产分幅图、房产分丘图、房产分户图的测绘内容、测绘方法、技术要求等，学会识图读图并且掌握利用相关软件绘制出这三类房产图。

## 学习重点

房产图测绘基础知识概述，如房产图的分类及作用、测绘范围、坐标系统和比例尺、测绘精度以及房产图的分幅和编号方式等；界址点测量原理、方法及工作程序；利用相关软件绘制房产分幅图、房产分丘图。

## 第一节　房产图测绘概述

### 一、房产图测绘的概念及特点

房产图是开展房屋产权、产籍、产业管理工作的基本资料。根据房产管理工作的需要，可将房产图划分为房产分幅平面图（以下简称为分幅图）、房产分丘平面图（以下简称为分丘图）和房屋分户平面图（以下简称为分户图）。

房产图测绘工作，是在房产调查及房产平面控制测量完成后所进行的对房屋和土地使用状况的细部测量，包括房产分幅图、房产分丘图、房产分户图以及在野外数据采集时房产测量草图的绘制工作。其中，房产分幅图的绘制主要测量房屋平面位置并将其绘制出来；房产分丘图的绘制主要测定房屋四至归属及丈量房屋边长并计算面积最后将其绘制出来；房产分户图的绘制主要测定权属单元产权面积并将其绘制出来；野外房产测量草图主要是为了便于内业图形编辑、进行数字化成图，在进行房产测量的野外数据采集时绘制的草图。

房产图测绘是一项具有政策性、专业性、技术性和现势性等特点的工作。

政策性是指房产图是一种法律图件，它是核发房产所有权和使用权证的基础资料，具有特定的行政行为。

专业性是指房产图是专门用于产权、产籍管理这项服务。

技术性是指房产图的测绘精度要求比地形图测绘精度要求高。

现势性是指房产图测绘需满足城市发展变化和房产权属变化的需求，要做到图上信息与实际信息实时匹配。

## 二、房产图的基本知识

1. 房产图的作用

（1）房产分幅图的作用

房产分幅图以幅绘制，按规定比例尺进行分幅，以幅为单位满幅作业。分幅图需覆盖整个城市或城镇建成区，是产籍管理的基础图件。房产分幅图能全面反映房屋及其用地位置、权属等状况，为分丘图和分户图的测绘提供基础资料，同时也为房产登记和建立产籍资料提供索引和参考。

（2）房产分丘图的作用

房产分丘图是以丘的范围为绘图“幅面”进行绘制。其中“丘”是指由某房产单元的用地界线封闭形成的地块，是地表上一个有界空间的地块。房产分丘图是房产分幅图的局部图，用于反映本丘内所有房屋及其用地情况、权界位置、界址点、房角点、房屋建筑面积、用地面积、四至关系、权利状态等各项房产要素。同时，也是绘制房产权证附图的基本图。

（3）房产分户图的作用

房产分户图是在分丘图的基础上以产权登记户为单位绘制的，表示房屋权属范围的细部图。它是根据各户所有房屋的权属情况，分幢或分层对本户所有房屋的坐落、结构、产别、层数、层次、墙体归属、权利状态、产权面积、共有分摊面积及其用地范围等各项房产要素的描述，以明确异产毗连房屋的权利界线，供核发房屋所有权证附图使用。

（4）房产测量草图的作用

房产测量草图是地块、建筑物、位置关系和房地调查的实地记录，是展绘地块界址、房屋、计算面积和填写房产登记表的原始数据。

2. 房产图测绘的范围

（1）房产分幅图的测绘范围

房产分幅图的测绘范围包括城市、县城、建制镇的建成区和建成区以外的工矿、企事业单位及与其毗连的居民地的房屋测绘，应与开展城镇房屋所有权登记的范围相一致。

（2）房产分丘图的测绘范围

丘是指地表上一块有界空间的地块。一个地块只属于一个产权单元时称为独立丘，一个地块属于几个产权单元时称为组合丘。有固定界标的按固定界标划分，没有固定界标的按自然界线划分。房产分丘图以房产分区为单元进行实地测绘或利用房产分幅图和房产调查表编绘而成。

（3）房产分户图的测绘范围

房产分户图的测绘范围是以各户房屋权利范围大小等为一产权单元户，即以一幢房屋和几幢房屋的某一层中的某一权属单元户为单位绘制而成的分户图。

（4）房产测量草图的测绘范围

房产测量草图的测绘范围，一般包括房屋、用地草图测量，全野外数据采集测量草图和房屋分户草图测绘。

3. 房产图的坐标系统与测图比例尺

（1）房产图的坐标系统

房产分幅图应采用国家坐标系或沿用该地区已有的坐标系统，地方坐标系统应尽量与国家坐标系统联测。根据测区的地理位置和平均高程，以投影长度变形值不超过2.5cm/km为原则选择坐标系统。

房产分丘图的坐标系统与房产分幅图的坐标系统一致。

房产分户图在图面适当位置加绘指北线即可。

（2）房产图的高程基准

房产图一般不表示高程，故可不考虑高程系统，需进行高程测量时，由设计书另行规定，一般采用1985国家高程基准。

（3）房产图的测图比例尺

① 房产分幅图比例尺。房产分幅图成图对于城镇建成区一般采用1∶500比例尺测图；对于远离建成区的工矿区、企事业单位及其毗连的居民点可采用1∶1000的比例尺测图。

② 房产分丘图比例尺。房产分丘图成图比例尺如按分幅图测绘，可依房产分幅图比例尺大小来确定。如需另外测绘，分丘图的比例尺应根据丘面积的大小在1∶100～1∶1000比例尺之间选用。

③ 房产分户图比例尺。房产分户图成图比例尺一般为1∶200，当房屋图形过大或过小时，比例尺可适当放大或缩小。

④ 房产测量草图比例尺。房产测量草图应以使其表达的内容清晰、易读为原则，选择合适的比例尺。当内容较密集时可移位出局部图形。

4. 房产图测绘的精度

（1）模拟方法测绘的房产分幅图上的地物点，相对于邻近控制点的点位中误差不超过图上±0.5mm。

（2）利用已有的地籍图、地形图编绘房产分幅图时，地物点相对于邻近控制点的点位中误差不超过图上±0.6mm。

（3）对全野外采集数据或野外解析测量等方法所测的房地产要素点和地物点，相对于邻近控制点的点位中误差不超过±0.05m。

（4）采用已有坐标或已有图件展绘成房产分幅图时，展绘中误差不超过图上±0.1mm。

5. 房产图的分幅与编号

（1）房产分幅图的分幅与编号

按《房产测量规定》，分幅图编号以高斯-克吕格坐标的整公里格网为编号区，由编号区代码加各种比例尺的分幅图代码组成，编号区代码以该公里格网西南角的横纵坐标公里值表示。

编区号代码由9位数组成，第1位、第2位数为高斯坐标投影带的带号，第3位数为横坐标的百公里数，第4位、第5位数为纵坐标的千公里和百公里数，第6位、第7位和第8位、第9位数分别为横坐标和纵坐标的十公里和整公里数。

在分幅图上标注分幅图编号时可采用简略编号，简略编号略去编号区代码中的百公里和百公里以前的数值。

编号形式见表 5-1。

**表 5-1　分幅图编号形式**

| 分幅图编号 | 编号区代号 | 分幅图代码 |
| --- | --- | --- |
| 完整编号 | * * * * * * * * *<br>（9 位） | * *<br>（2 位） |
| 简略编号 | * * * *<br>（4 位） | * *<br>（2 位） |

分幅图编号方法具体表达见表 5-2。

**表 5-2　分幅图编号方法具体表达**

| 位数 | 1，2 | 3 | 4 | 5 | 6 | 7 | 8 | 9 |
| --- | --- | --- | --- | --- | --- | --- | --- | --- |
| 含义 | 带号 | $y$ 百位 | $x$ 千位 | $x$ 百位 | $y$ 十位 | $y$ 个位 | $x$ 十位 | $x$ 个位 |

分幅图分幅和代码如图 5-1 所示。

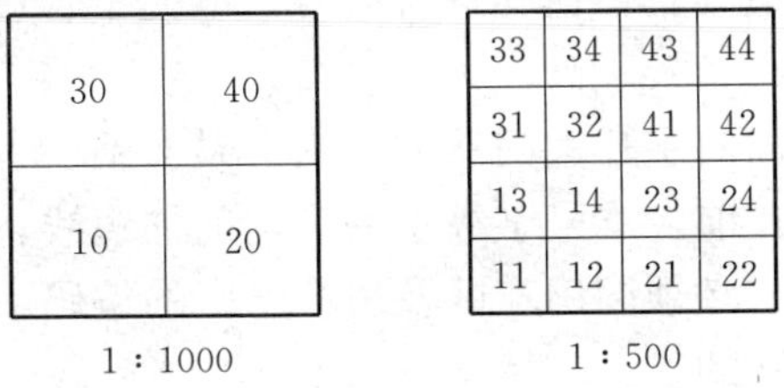


图 5-1　分幅图分幅和代码

例：1∶2000 图幅编码（$x$：3948km，$y$：35126km）

完整编码：35139264800

简略编码：264800

另外，房产分幅图编号也可以按图廓西南角坐标公里数编号，$x$ 在前，$y$ 在后，中间加短线连接。对已有房产分幅图的地区可沿用原有的编号方法。

除正方形分幅与矩形分幅等正规分幅方式和编号方式外，还有按自然街道分幅方式、流水号编号方式、行列编号或其他编号方式等。

按自然街道分幅方式即以街区为单位在平面图上独立表示，避免了建筑物被几幅图分割。

流水编号方式一般是从左到右、从上至下用阿拉伯数字编定。

行列编号方式一般由左到右为纵行，由上而下为横行，以一定代号“先列后行”编定。

其他编号法中，有以图幅西南角 $x$、$y$ 坐标分别除以图廓 $x$、$y$ 方向的坐标差 $\Delta x$、$\Delta y$ 作为图号，图号前冠以比例尺分母。

（2）房产分丘图的编号

房产分丘图不再进行分幅，丘的编号按市、市辖区（县）、房产区、房产分区、丘五级编号。丘号是按照分丘原则划分房屋用地单元地块的编号，它是房产测量与产权产籍管理中的重要编码，也是房产档案管理中的重要索引。每一丘均应编号，且组合丘除编丘号外，各房屋用地单元还应分别编立丘支号。

① 丘号的编立

丘号编立格式如下：

| | | | | |
|---|---|---|---|---|
| 市代码 + | 市辖区（县）代码 + | 房产区代码 + | 房产分区代码 + | 丘号 |
| （2 位） | （2 位） | （2 位） | （2 位） | （4 位） |

其中，市代码、市辖区（县）代码采用《中华人民共和国行政区划代码》（GB/T 2260）规定的代码。房产区代码以行政建制的区、街（或镇、乡）行政辖区，或房产管理部门划分的区域为基础划定。根据实际情况和需要，可以将街坊或主要街道围成的方块为基础将房产区再划分为若干房产分区。房产区码和房产分区码由当地人民政府和房产管理部门统一编立，均以两位自然数字从 01 至 99 依序编列；没有划分房产分区时，用相应的编码单位“01”表示。丘号的编立以房产分区为编号区，采用四位自然数 0001 至 9999 进行编列。

丘号以房产分区（或房产区）为单位，从北到南、从西向东呈反“S”形编立。在变更测量或修补测量中，新增的丘号接原编号顺序连续编立。在丘号编立的实际工作中，应根据丘的平面分布情况，从编立首号起，按编号的前进方向，综合考虑毗连地块编号的连贯性以及跨图接边等具体情况进行编号，以便于管理及资料的检索与查询。

② 丘支号的编立

在组合丘内，各丘按面向主丘大门从左到右、从外到内呈反“S”形顺序编立。丘支号的表示方法为：丘号在前，支号字级小一号，前加短线，如“48-6”。

丘号、丘支号使用时，必须同房产区及房产子区的编码或分幅图图号一起使用，否则丘号、丘支号是没有意义的。

在任何情况下，丘的编号在编号单元中皆应具有唯一性，丘的编号一经确定，就不得更改。只有当丘的范围发生变更时，才能对变化丘的丘号进行调整。

（3）房产分户图的编号

房产分户图也不存在分幅问题。它是在分丘图基础上，以一户产权人为单位表示房屋权属范围的细部图。分户图上房屋的丘号、幢号应与分丘图的编号一致。若一幢房屋属多元产权时，应编列户号（户权号），编号方式以面对分户门从左至右的顺序编号：01，02，…，位于第 N 层，户号为 N01，N02，…。

（4）房产测量草图的编号

房产测量草图应在图纸的右上方注记地号及房屋坐落，在分户测量草图上应注记楼房幢号及层数。

## 第二节　房产图测绘

不管采用何种方法对房产图进行测绘，首先都是对界址点进行测量。所以讨论房产图的测量方法主要是讨论界址点的测量方法。

### 一、界址点的测量概述

1. 界址点的测量方法简介

界址点的测量方法有很多，常用的有解析法、图解法、航测法。

（1）解析法

根据测区平面控制网，通过测角、量边，计算界址点坐标的方法，称之为解析法。解析法的外业测量仪器有全站仪或 GPS RTK 等。

解析法具有便于界址点坐标丢失后的复原、成图精度高、利用其坐标进行面积计算的速度快和精度高等各种优点，是目前界址点测量的主要方法，因此本节将重点介绍其原理和工作程序。

（2）图解法

图解法是以已有的大比例尺地形图或地籍图为基础，在图纸上确定界址点的位置，量取界址点坐标。

图解法的野外工作量小，生产工艺简单，测算速度快，成本低，适合已有大比例尺地形图或地籍图的地区。但它受地形图、地籍图的现势性和成图精度的影响较大，其图上量测确定的坐标和图上量算面积的精度，均取决于原图上地物点的精度。它比一般解析法精度低。

（3）航测法

航测法采用航测大比例尺成图技术，先外业调绘、后内业测图的方法制作大比例尺地形图或地籍图。界址点的坐标可直接从照片上量测解算，其精度一般高于图解法的点位精度，而低于解析法的精度。航测法适用于需要大面积测量的地区。它既可以弥补图解法精度较低的不足，又可以克服解析法效率较低、成本较高的缺点。

2. 界址点的精度指标

房产界址点的精度分三级，各级界址点相对于邻近控制点的点位误差和间距超过 50m 的相邻界址点的间距误差不超过表 4-1 的规定；间距未超过 50m 的界址点间的间距误差限差不应超过式（4-1）计算结果。

## 二、界址点测量工作程序

解析法测定界址点坐标的工作分为准备工作、野外实测和内业整理三个阶段。

1. 解析法测量原理

在进行解析法测量工作程序之前，先理解解析法界址点测量原理。

（1）极坐标法

极坐标法是根据测站上的一个已知方向，测出已知方向与界址点之间的角度 $\beta$ 和测点至界址点的水平距离 $S$，来确定界址点的位置的方法。

如图 5-2 所示，已知控制点坐标 $A$（$x_A$，$y_A$）、$B$（$x_B$，$y_B$）和观测数据 $\beta_i$、$S_i$，则界址点 $J_i$ 的坐标（$x_i$，$y_i$）为：

$$\begin{cases} x_i = x_A + S_i\cos\alpha_i \\ y_i = y_A + S_i\sin\alpha_i \end{cases} \tag{5-1}$$

式中　$\alpha_i = \alpha_{BA} + \beta_i + 180°$。

这种方法的优点是方便灵活，量距、测角的工作量不大，在一个测站点上通常可以同时测定多个界址点，因此它是测定界址点最常用的方法。极坐标法主要用于城镇村庄区域或农村区域建设用地的界址点测量和城郊结合部、经济发达地区的集体土地所有权界址点的测量，也可以用于全球卫星定位系统（GPS）测量方法无法测定的土地所有权

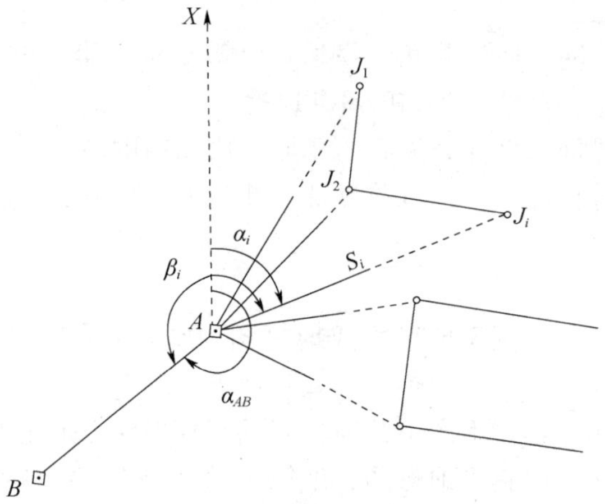


图 5-2　极坐标法

界址点坐标的测量。

(2) 交会法

交会法可分为角度前方交会法和距离交会法。

① 角度前方交会法

这种方法是分别在两个测站上对同一界址点测量两个角度进行交会确定界址点坐标的方法。

如图 5-3 所示，$A$、$B$ 两点为已知测站点，其坐标为 $A$（$x_A$，$y_A$）、$B$（$x_B$，$y_B$），$\alpha$、$\beta$ 为两个观测角，界址点 $P$ 的坐标为（$x_P$，$y_P$）。

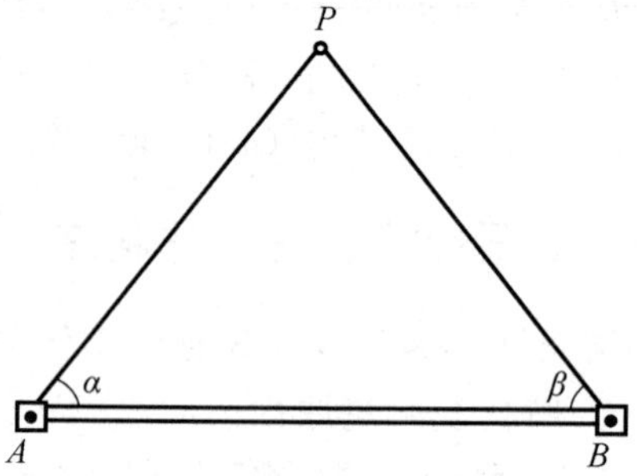


图 5-3　角度前方交会

$P$ 点的计算公式为：

$$\begin{cases} x_P=\dfrac{x_B\cot\alpha+x_A\cot\beta+y_B-y_A}{\cot\alpha+\cot\beta} \\ y_P=\dfrac{y_B\cot\alpha+y_A\cot\beta+x_A-x_B}{\cot\alpha+\cot\beta} \end{cases} \tag{5-2}$$

角度交会法适用于角度测量方便而距离测量有困难或放置棱镜特别耗时的界址点。施测时交会角应控制在 30°～150°的范围内。在两个测站点进行交会时，无检核条件，作业时应认真细致，最好从三个已知点进行交会。

② 距离交会法

距离交会法是从两个已知点分别量出至一个未知界址点的距离，从而确定出未知界址点坐标的方法。该方法广泛用于二级界址点坐标的测定。

如图 5-4 所示，已知 $A$、$B$ 两点为已知测站点，其坐标分别为 $A$（$x_A$，$y_A$）、$B$（$x_B$，$y_B$），$a$、$b$ 为观测值，界址点 $P$ 的坐标为（$x_P$，$y_P$）。则 $P$ 点的计算公式如下：

$$\begin{cases} x_P=x_A+e\cos\alpha_{AB}+f\sin\alpha_{AB} \\ y_P=y_A+e\sin\alpha_{AB}+f\cos\alpha_{AB} \end{cases} \tag{5-3}$$

式中，

$$\begin{cases} e=\dfrac{b^2+c^2-a^2}{2c} \\ f=\sqrt{b^2-e^2} \\ \alpha_{AB}=\arctan\dfrac{y_B-y_A}{x_B-x_A} \end{cases}$$

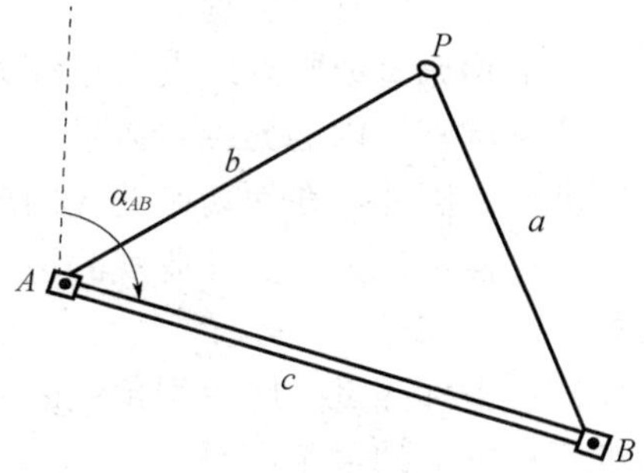

图 5-4　距离交会法

使用距离交会法时，交会距离宜小于20m，尽量从第三个已知点交会，以便检核。交会角$\angle APB$应在30°～150°的范围内。

（3）直角坐标法

直角坐标法又称为正交法或截距法，是借助测线和短边支距测定目标点的方法。正交法使用钢卷尺量距配以直角棱镜作业。

如图5-5所示，$A$、$B$为已知点，以$A$点作为起点，$B$点作为终点，在$A$、$B$间放上一根测绳或卷尺作为投影轴线，然后从界址点$P$引设垂线，定出$P$点的垂足$P_1$点，再用经过检定的钢卷尺量出$S_1$、$S_2$则计算公式如下：

$$\begin{cases} S=S_{BP}=\sqrt{S_1^2+S_2^2} \\ \beta=\arctan\dfrac{S_2}{S_1} \end{cases} \tag{5-4}$$

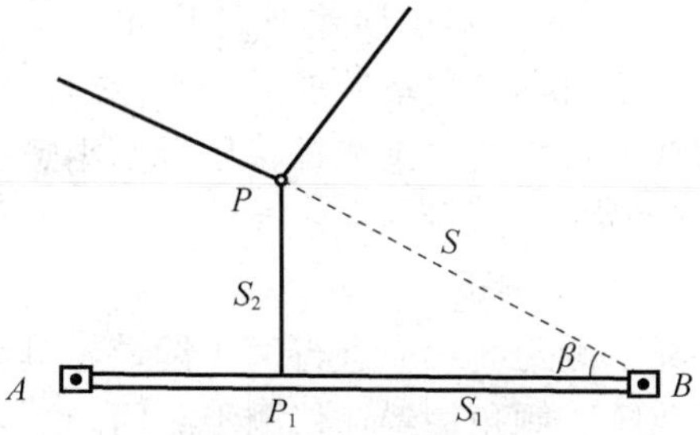

图 5-5　直角坐标法

则界址点$P$点的坐标为：

$$\begin{cases} x_P=x_B+S\cos\ (\alpha_{BA}+\beta) \\ y_P=y_B+S\sin\ (\alpha_{BA}+\beta) \end{cases} \tag{5-5}$$

直角坐标法适用于其他测量方法施测困难或不能施测的界址点，施测时界址点到控制线的水平距离与控制线的水平长度之比不应超过1/2。

2. 准备工作

（1）界址点位置的确定

界址点位置的确定一般是同权属调查同时进行。地籍调查表中详细说明了各个宗地界址点实地位置的情况，并丈量了大量的界址边长，草编了宗地号，绘有详细的宗地草图。这些都是进行界址点测量所必需的资料。

（2）界址点位置野外踏勘

界址点位置野外踏勘应在地籍调查人员引导下进行，实地查看界址点位置，了解各宗地的用地范围，并在参考图件上用红笔清晰地标记出界址点的位置和宗地的用地范围。如无参考图件，则要绘制踏勘草图，若宗地面积较小，可在一张图纸上描绘若干个相邻用地范围，并要注意界址点的共用情况。对于面积较大的宗地要注记好四至关系和共用界址点情况。在绘好的草图上标记权属主的姓名和草编宗地号。在未定界线附近可选择若干固定的地物点或埋设参考标志。测定时按界址点坐标的精度要求测定这些点的坐标，待权属界线确定后，据此来补测确认后的界址点坐标。

（3）踏勘后的资料整理

进行地籍调查或野外踏勘时草编界址点号和制作界址点观测及面积计算草图，一般不知道地籍调查区内的界址点数量，只知道每宗地有多少界址点，其界址点编号只在本宗地内进行。因此，在地籍调查区内统一编制野外界址点观测草图，并统一编上草编界址点号。这样不但方便了外业观测记簿，也为内业计算带来方便。

3. 野外实测

界址点坐标测量时应使用预制的界址点观测手簿。记录时，界址点的观测序号直接采用观测草图上的草编界址点号。观测用的仪器设备有 $DJ_6$ 经纬仪、钢卷尺、全站仪等，这些仪器设备都应进行严格的检定。

（1）角度测量

角度观测的方法及要求：采用精度不低于 $DJ_6$ 级经纬仪，一般采用方向观测法观测半个测回（当视距大于 150m 时需要测一个测回），多于 3 个方向时，应归零，归零差不应大于 18″，对中误差不大于 3mm。

瞄准目标时尽量照准界址点标志，对不能直接照准标志的界址点或控制点，需悬挂垂球线或铅垂线立细测钎，尽量不用竖立花杆作照准方向。

（2）距离测量

① 光电测距

光电测距时，应进行两次读数，其差值不得超过 1cm。测距成果中，需加入常数、倾斜改正。倾角用经纬仪测半测回。

② 钢卷尺量距

在丈量较短的平坦距离时，钢卷尺量距往往比光电测距方便。钢卷尺量距时，宜丈量两次，并进行尺长改正，两次较差的绝对值应小于 5cm。

4. 内业整理

（1）界址点的观测成果应按街坊分册记录和计算。

（2）无论是实测法测出来的界址点成果还是通过图上解析得出来的界址点成果，都要利用宗地草图的丈量数据进行校核，比较它们之间的差值是否符合限差要求。

（3）界址点坐标册的编制。界址点坐标是房产测量的重要成果，也是下一步进行房产面积量算的重要资料。需要将界址点成果各项资料填入表格并整理成册。

极坐标法测定界址点的观测记录及计算表格见表 5-3。

**表 5-3　极坐标法测定界址点的观测记录及计算表格**

日期　　年　　月　　日　　仪器编号　　　观测者　　　记录者

| 测站点号 | 目标点号 | 水平角（° ′ ″） | 方向角（° ′ ″） | 边长 S（m） | 坐标 | | 备注 |
|---|---|---|---|---|---|---|---|
| | | | | | $x$（m） | $y$（m） | |
| A | B | 0 00 00 | 237 30 18 | | 4256.44 | 3724.36 | |
| | $J_1$ | 160 01 36 | 37 31 54 | 38.129 | 4386.67 | 3747.58 | |
| | $J_2$ | 173 48 12 | 51 18 30 | 24.364 | 4369.79 | 3741.03 | |
| | $J_3$ | 199 02 42 | 76 33 00 | 40.875 | 4365.94 | 3764.11 | |

## 三、房产图成图方法

房产图可以是实测成图，也可以是编绘成图。实测成图可分为平板仪测图、全野外数据采集成图、航摄像片采集数据成图和数字化成图。无论采用哪种成图方法都必须遵循“从整体到局部、从高级到低级、先控制后碎部”的基本原则，即要先做控制测量，然后进行碎部测量。

1. 平板仪测图

平板仪测图是指用大平板仪或小平板仪配合经纬仪测图，其作业程序如图 5-6 所示。

2. 全野外数据采集成图

利用全站仪或 GPS RTK 在野外采集的数据，通过计算机编辑，生成图形数据文件，经检查验收、准确无误后，可通过绘图仪绘出所需成图比例尺的房产图。全野外数据采集成图作业程序如图 5-7 所示。

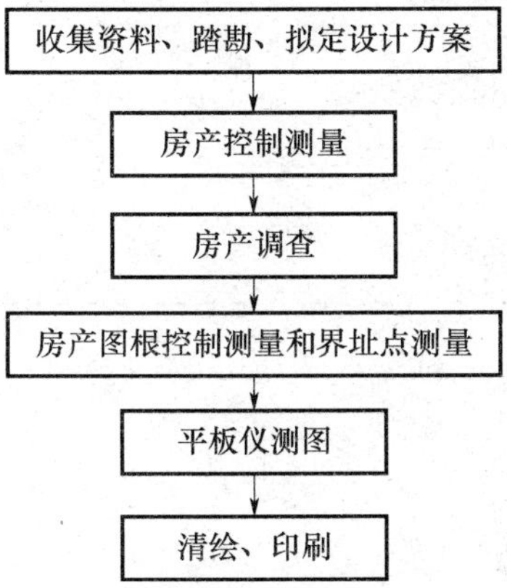

图 5-6　平板仪测图作业程序

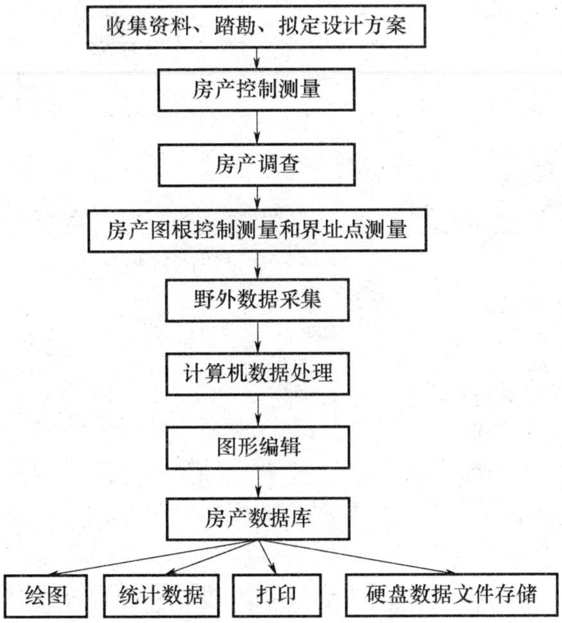

图 5-7　全野外数据采集成图作业程序

3. 航摄像片采集数据成图

航摄像片采集数据成图可以用精密立体测图仪、解析测图仪和全数字化测图，其作业程序如图 5-8 所示。将各种航测仪量测的测图数据，通过计算机处理生成图形数据文件，在屏幕上对照调绘片进行检查修改。对影像模糊的地物，被阴影和树林遮盖的地物及摄影后新增的地物应到实地检查补测。待准确无误后，可通过绘图仪按所需成图比例尺绘出规定规格的房产图。

4. 编绘法

在测区范围内，如果已有相应可利用的地形图和地籍图，那么就可利用这些已有资料编绘成房产图。作为编绘房产图的已有资料，必须符合规程对实测图的精度要求，比例尺应等于或大于绘制图的比例尺。编绘工作可在地形原图复制或地籍原图复制的等精度图（即二底图）上进行，其图廓边长、方格尺寸与理论尺寸之差不超过表 5-4 规定。补测应在等精度图上进行，补测后的地物点精度应符合房产测绘精度的规定。

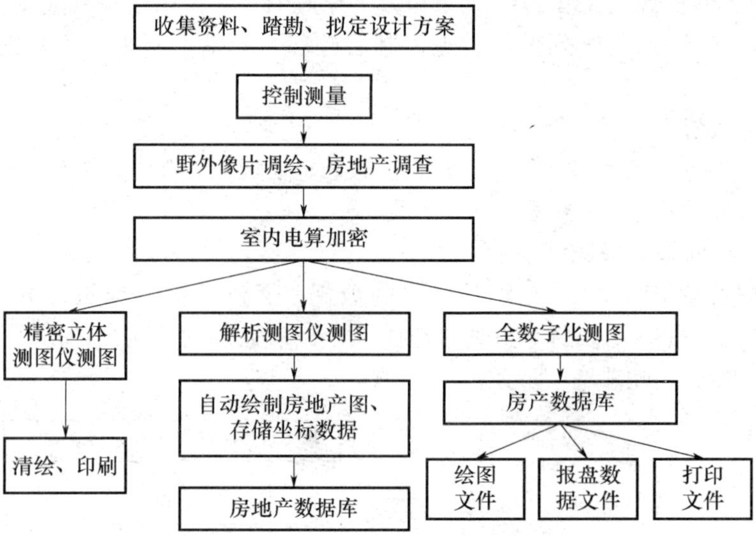


图 5-8　航摄像片采集数据成图

**表 5-4　图廓线、方格网、控制点的展绘限差**　　单位：mm

| 仪器 | 方格网长度与理论长度之差 | 图廓对角线长度与理论长度之差 | 控制点间图上长度与坐标反算长度之差 |
|---|---|---|---|
| 仪器展点 | 0.15 | 0.3 | 0.2 |
| 格网尺展点 | 0.2 | 0.3 | 0.3 |

补测工作结束后，将调查结果准确转绘到等精度图上，对房产图所需的内容经过清绘、整饰，加注房产要素的编码和注记后，编成分幅底图。

## 第三节　房产图成图

### 一、房产分幅图的测绘

1. 房产分幅图内容表示

房产分幅图应测绘的内容包括：控制点、行政境界、丘界、房屋、房屋附属设施、房屋围护物等房产要素及其编号和房产有关的地籍地形要素和地理名称注记等。

（1）平面控制点包括基本控制点和图根控制点。

（2）行政境界一般只表示区（县）和乡（镇）境界，其他境界根据需要时表示。境界线重合时，用高一级境界线表示；境界线与丘界线重合时，用丘界线表示；境界线跨越图幅时，应在内外图廓间的界端注出行政区划名称。

（3）权属界线明确无争议的丘界线用丘界线表示；有争议或无明显界线又提不出凭

证的丘界线用未定丘界线表示。丘界线与房屋轮廓线重合时，用丘界线表示；丘界线与单线地物重合时，单线地物符号线按丘界线线粗表示。

（4）房屋的表示内容包括一般房屋、架空房屋和窑洞等。房屋应分幢测绘，以外墙勒脚以上外围轮廓的水平投影为准，装饰性的柱和加固墙等一般不表示；临时性的过渡房屋及活动房屋不表示；同幢房屋层数不同的应绘出分层线。窑洞只绘住人的，符号绘在洞口处。架空房屋以房屋外围轮廓投影为准，用虚线表示；虚线内四角加绘小圈表示支柱。

（5）房屋附属设施的表示内容包括柱廊、檐廊、架空通廊、底层阳台、门廊、门楼、门、门墩和室外楼梯，以及与房屋相连的台阶等。

a. 柱廊以柱的外围为准，图上只表示四角或转折处的支柱；

b. 底层阳台以底板投影为准；

c. 门廊以柱或围护物外围为准，独立柱的门廊以顶盖投影为准；

d. 门顶以顶盖投影为准；

e. 门墩以墩的外围为准；

f. 室外楼梯以水平投影为准，宽度小于图上 1mm 的不表示；

g. 与房屋相连的台阶按水平投影表示，不足五阶的不表示。

（6）房屋的界标围护物包括：围墙、栅栏、栏杆、篱笆和铁丝网等，均应实测，其他围护物根据需要表示。临时性的、残缺不全的和单位内部的围护物不表示。

（7）房产要素及其编号的表示包括：丘号、房产区号、房产分区号、丘支号、幢号、房产权号、门牌号、房屋产别、结构、层数、房屋用途及用地分类等，根据调查资料以相应的数字、代码、文字和符号表示。注记过密容纳不下时，除丘号、丘支号、幢号和房屋权号必须注记外，门牌号可首尾两端注记、中间跳注，其他注记按上述顺序从后往前省略。

（8）与房产管理有关的地形要素包括铁路、道路、桥梁、水系和城墙等地物，均应表示。亭、塔、烟囱以及水井、停车场、球场、花圃、草地等可根据需要表示。

a. 铁路以两轨外缘为准；道路以路缘为准；桥梁以外围投影为准；城墙以基部为准；沟、渠、水塘、游泳池等以坡顶为准，其中水塘、游泳池等应加简注。

b. 亭以柱的外围为准；塔、烟囱和罐以底部外围轮廓为准；水井以井的中心为准；停车场、球场、花圃、草地等以地类界线表示，并加注相应符号或加简注。

（9）地理名称注记包括：自然名称、镇以上人民政府等行政机构名称、工矿和企事业单位名称。单位名称只注记区（县）级以上和使用面积大于图上 $100cm^2$ 的单位。

2. 房产分幅图表示的技术要求

（1）分幅图采用 50cm×50cm 正方形分幅。

（2）建筑物密集区的分幅图一般采用 1∶500 比例尺，其他区域的分幅图可以采用 1∶1000 比例尺。

（3）分幅图的图纸采用厚度为 0.07～0.1mm 经定型处理、变形率小于 0.02%的聚酯薄膜。

（4）分幅图的颜色一般采用单色。

（5）展绘图廓线、方格网和控制点，各项误差不超过表 5-4 的规定。

（6）图边处理与图面检查。接边差不得大于《房产测量规定》规定的界址点、地物点位中误差的 $2\sqrt{2}$ 倍，并应保证房屋轮廓线、丘界线和主要地物的相互位置及走向的正确性。自由图边在测绘过程中应加强检查，确保无误。

（7）图廓整饰。分幅图图幅编号按相关规定执行。分幅图、分丘图上每隔 10cm 展绘坐标网点，图廓线上坐标网线向内侧绘 5.0mm 短线，图内绘 10.0mm 的十字坐标线。分幅图上一般不注图名，如注图名时图廓左上角应加绘图名结合表。采用航测法成图时，图廓左下角应加注航摄时间和调绘时间。

3. 房产分幅图的测绘方法

根据测区的情况，房产分幅图的测绘方法可分为增测编绘法，实测法，城市地形图、地籍图、房产分幅图的三图并出法这三种方法。

（1）增测编绘法

适用情况：测区已有现势性较强的大比例尺地形图或地籍图时，则可采用增测编绘法；这种方法以 1∶500 或 1∶1000 大比例尺地形图或地籍图为基础增测相关要素进行编绘。

（2）实测法

实测法的具体方法有平板仪测绘法、小平板与经纬仪测绘法、经纬仪与光电测距仪测记法、全站仪采集数据法等。

（3）城市地形图、地籍图、房产分幅图的三图并出法

城市地形图、地籍图、房产分幅图这三种图虽用途不同，但都是根据城市控制网进行细部测量，最大比例尺都是 1∶500，图面上都需要表示出城市地面上的房屋、道路、河流等主要地物信息。由于三类图具有共性，三图并出是在各职能部门相互协作下最经济合理的出图方式。其基本思想为：建立统一的城市基本控制网和图根控制网，施测三图的共性部分，绘制成基础图；然后在此基础图上分别按地形图、地籍图和房产分幅图的特殊需求进行测绘。对于房产分幅图而言，则是在房产调查之后，在地籍图的基础上，增测丘界点和各种房产要素。

4. 房产分幅图的识读（图 5-9）

## 二、房产分丘图的测绘

1. 房产分丘图的内容

（1）除了要表示分幅图的内容外，还应表示房屋的权界线、界址点、界址点点号，窑洞的使用范围，挑廊、阳台、房屋建成年份，丘界长度，房屋边长，用地面积，建筑面积，墙体归属和四至关系等各项房产要素。

（2）分丘图上周邻关系的描述

分丘图上，应分别注明所有周邻产权所有单位（或人）的名称，分丘图上各种注记的字头应朝北或朝西。

（3）毗邻墙体的表示与测量

测量本丘与邻丘毗连墙体时，共有墙以墙体中间为界，量至墙体厚度的 1/2 处；借墙量至墙体的内侧；自有墙量至墙体外侧并用相应符号表示。

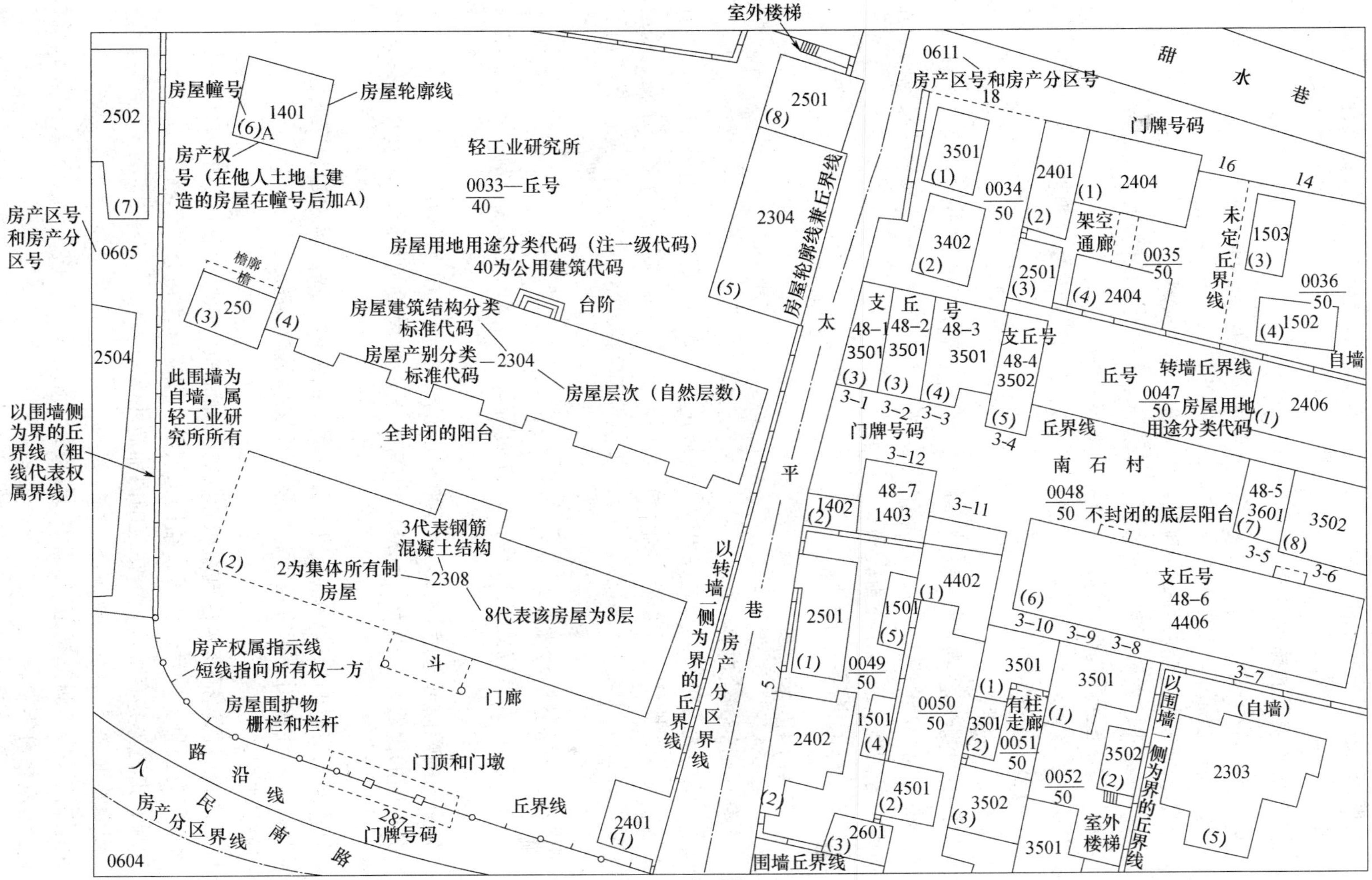
室外楼梯
甜 水 巷
0611
房产区号和房产分区号
门牌号码
房屋幢号
房屋轮廓线
1401
(6)A
房产权号（在他人土地上建造的房屋在幢号后加A）
轻工业研究所
0033—丘号
40
房屋用地用途分类代码（注一级代码）
40为公用建筑代码
房屋建筑结构分类标准代码
台阶
房屋产别分类标准代码
2304
房屋层次（自然层数）
全封闭的阳台
此围墙为自墙，属轻工业研究所所有
房产区号和房产分区号
0605
以围墙侧为界的丘界线（粗线代表权属界线）
3代表钢筋混凝土结构
2为集体所有制房屋
2308
8代表该房屋为8层
房产权属指示线短线指向所有权一方
房屋围护物栅栏和栏杆
门廊
门顶和门墩
287
门牌号码
丘界线
人 民 南 路
路 沿 线
房产分区界线
0604
房屋轮廓线兼丘界线
太 平 巷
以转墙一侧为界的丘界线
房产分区界线
未定丘界线
支丘号
转墙丘界线
丘号
0047
50
房屋用地用途分类代码
丘界线
南 石 村
0048
50
不封闭的底层阳台
支丘号
48-6
4406
有柱走廊
架空通廊
室外楼梯
以围墙一侧为界的丘界线
(自墙)
自墙
围墙丘界线
1 : 500

图 5-9 房产分幅图样图

（4）重合要素的表示与处理

房屋权界线与丘界线重合时，表示丘界线；房屋轮廓线与房屋权界线重合时，表示房屋权界线。

2. 房产分丘图表示的技术要求

（1）分丘图的幅面可在 787mm×1092mm 的 1/32～1/4 之间选用。

（2）分丘图的比例尺，根据丘面积的大小，可在 1∶100～1∶1000 之间选用。

（3）分丘图的图纸一般采用聚酯薄膜，也可选用其他材料。

（4）展绘图廓线、方格网和控制点的各项误差不超表 5-4 中的规定。

（5）分丘图的坐标系统与分幅图的坐标系统应一致。

（6）分丘图的图廓位置，根据该丘所有位置确定，图上需要注出西南角的坐标值，以公里数为单位注记至小数后三位。

3. 房产分丘图的测绘方法

房产分丘图的测绘是以房产分幅图为基础，故其测量方法是利用已有的房产分幅平面图，再结合房地产调查资料，按本丘范围展绘界址点，描绘房屋等地物，实地丈量界址边、房屋边等长度，修测、补测成图。

4. 房产分丘图的识读（图 5-10）

## 三、房产分户图的测绘

1. 房产分户图的测绘内容

房产分户图的内容包括：房屋权界线、房屋边长、墙体归属、建筑面积、分摊共有面积、楼梯、走道、地名、门牌号、图幅号、丘号、幢号、层次、室号等。房屋边长应实量，取位注记至 0.01m。不规则房屋边长丈量应加辅助线，共有部位应在范围内加简注。

2. 房产分户图表达的技术要求

（1）在分户图上适当位置应加绘指北方向符号，房屋的主要边线应与图框边线平行。

（2）分户图的幅面可选用 787mm×1092mm 的 1/32、1/16 等尺寸。

（3）分户图的比例尺一般为 1∶200，当房屋图形过大或过小时，比例尺可适当放大或缩小。

（4）分户图上房屋的丘号、幢号应与分丘图上的编号一致。房屋边长应实际丈量，注记取至 0.01m，注在图上相应位置。房屋边长描绘误差不超过图上 0.2mm。

（5）文字注记。

① 房屋产权面积包括套内建筑面积和共有分摊面积，标注在分户图框内。

② 本户所有丘号、户号、幢号、结构、层数、层次标注在分户图框内。

③ 楼梯、走道等共有部位，需在范围内加简注。

（6）图面整饰

图面整饰按《房产测量规范 第 2 单元：房产图图式》（GB/T 17986.2—2000）执行，文字注记应相对集中。

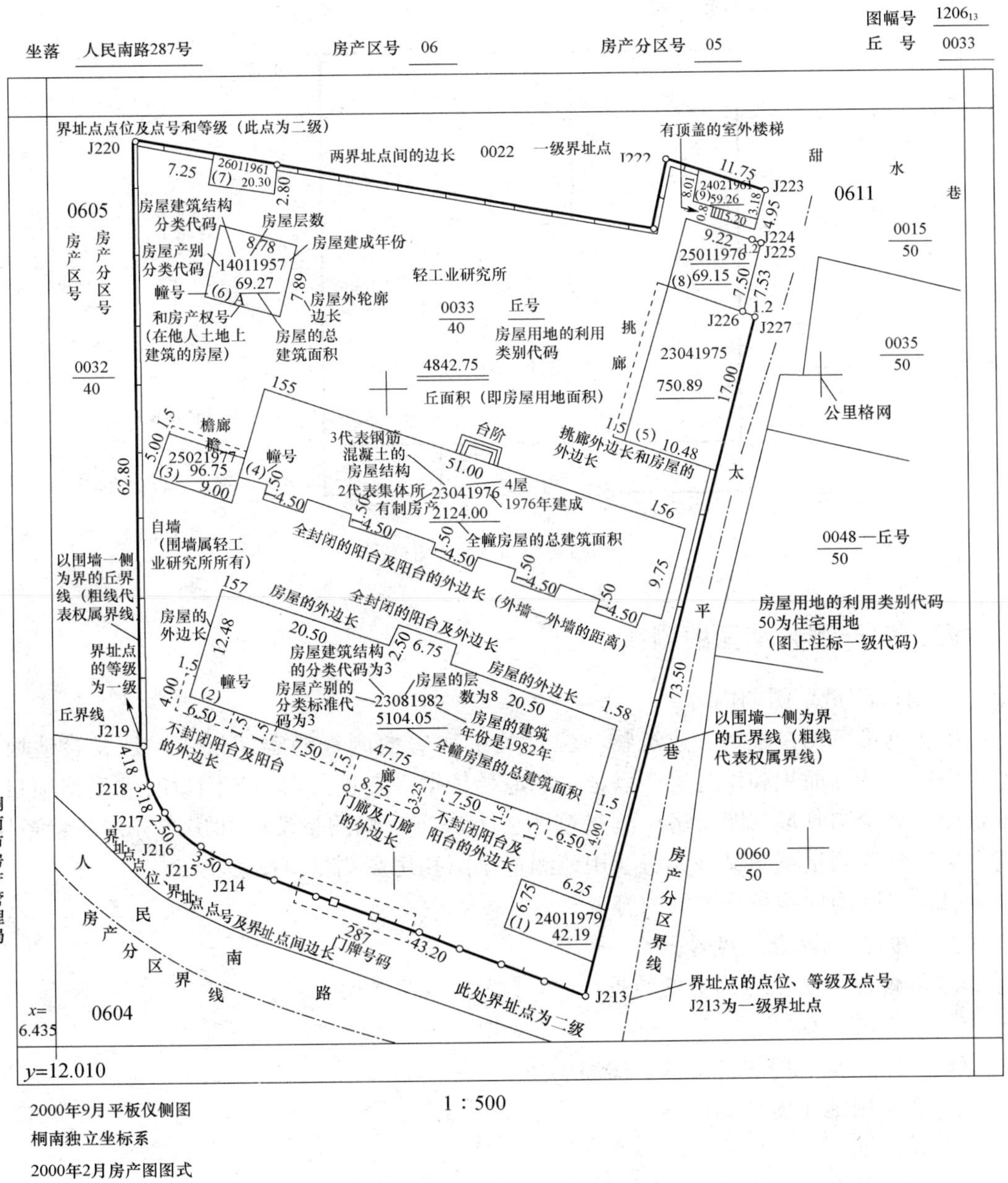


图 5-10　房产分丘图样图

3. 房产分户图测绘方法

房产分户图可以直接对已测绘的分幅图、分丘图上属于本户地范围的部分，进行实地调查核实修测后绘制。如果没有分幅图、分丘图可以提供，房产发证和登记又急需开展，可以按房产分丘、分户的范围，在实地直接丈量房屋的有关边长等数据进行绘制。

4. 房产分户图的识读（图 5-11）

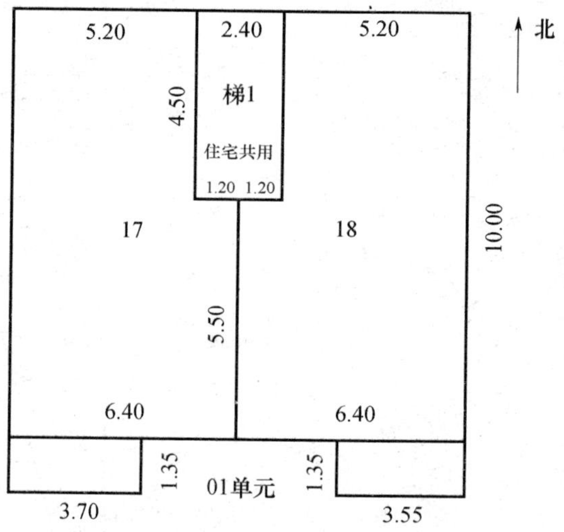


图 5-11　房产分户图样图

## 四、房产测量草图的测绘

1. 房产测量草图的内容

房产测量草图是地块、建筑物、位置关系和房地调查的实地记录，是展绘地块界址、房屋、计算面积和填写房产登记表的原始依据。在进行房地产测量时应根据项目的内容用铅笔绘制测量草图。房产测量草图分为房产分幅测量草图和房产分户测量草图，其中房产分幅测量草图又分为房屋用地测量草图和房屋测量草图。

（1）房屋用地测量草图的内容

① 平面控制网点及点号。

② 界址点、房角点相应的数据。

③ 墙体的归属。

④ 房屋产别、房建筑结构、房屋层数。

⑤ 房屋用地用途类别。

⑥ 丘（地）号。

⑦ 道路及水域。

⑧ 有关地理名称，门牌号。

⑨ 观测手簿中所有未记录的测定参数。

⑩ 测量草图符号的必要说明。

⑪ 指北方向线。

⑫ 测量日期，作业员签名。

（2）房屋测量草图内容及要求

① 房屋测量草图均按概略比例尺分层绘制。

② 房屋外墙及分隔墙均绘单实线。

③ 图纸上应注明房产区号、房产分区号、丘（地）号、幢号、层次及房屋坐落，

并加绘指北方向线。

④ 住宅楼单元号、室号，注记实际开门处。

⑤ 逐间实量，注记室内净空边长（以内墙面为准）、墙体厚度，数字取至厘米。

⑥ 室内墙体凹凸部位在 0.1m 以上者如柱垛、烟道、垃圾道、通风道等均应表示。

⑦ 凡有固定设备的附属用房如厨房、厕所、卫生间、电梯楼梯等均须实量边长，并加必要的注记。

⑧ 遇有地下室、覆式房、夹层、假层等应另绘草图。

⑨ 房屋外廓的全长与室内分段丈量之和（含墙身厚度）的较差在限差内时，应以房屋外廓数据为准，分段丈量的数据按比例配赋。超差须进行复量。

2. 房产测量草图的技术要求

（1）测量草图的图纸规格

草图用纸可用 787mm×1092mm 的 1/8、1/16、1/32 规格的图纸。

（2）测量草图的比例尺

测量草图选择合适的概略比例尺，使其内容清晰易读。在内容较集中的地方可绘制局部图。

（3）测量草图的绘制要求

测量草图应在实地绘制，测量的原始数据不得涂改擦拭。汉字字头一律向北，数字字头向北或向西。

3. 测量草图图式

测量草图的图式符号参照《房产测量规范 第 2 单元：房产图图式》（GB/T 17986.2—2000）执行。

4. 测量草图示例图识读（图 5-12、图 5-13）

## 五、房产图的绘制

本项目可采用南方测绘公司绘图软件绘制房产分幅图、房产分丘图和房产分户图，由于绘制房产分户图涉及房产面积计算部分内容，可在学习了房产面积计算相关知识后进行绘制。本项目主要介绍房产分幅图、房产分丘图的绘制方法，房产分幅图、分丘图的作业流程描述：

（1）展点。

（2）绘制房产要素。

（3）设置地形图信息。

（4）标注房屋属性。

（5）输出分幅图与分丘图。

具体操作流程为：

1. 展点

读取从全站仪等设备中导出的 DAT 数据文件，进行控制点或者碎步点的展点。

具体操作：单击菜单“基础测绘”下的“坐标展点”，弹出如图 5-14 所示的对话框，选择一个数据文件打开，系统自动展点，如图 5-15 所示。

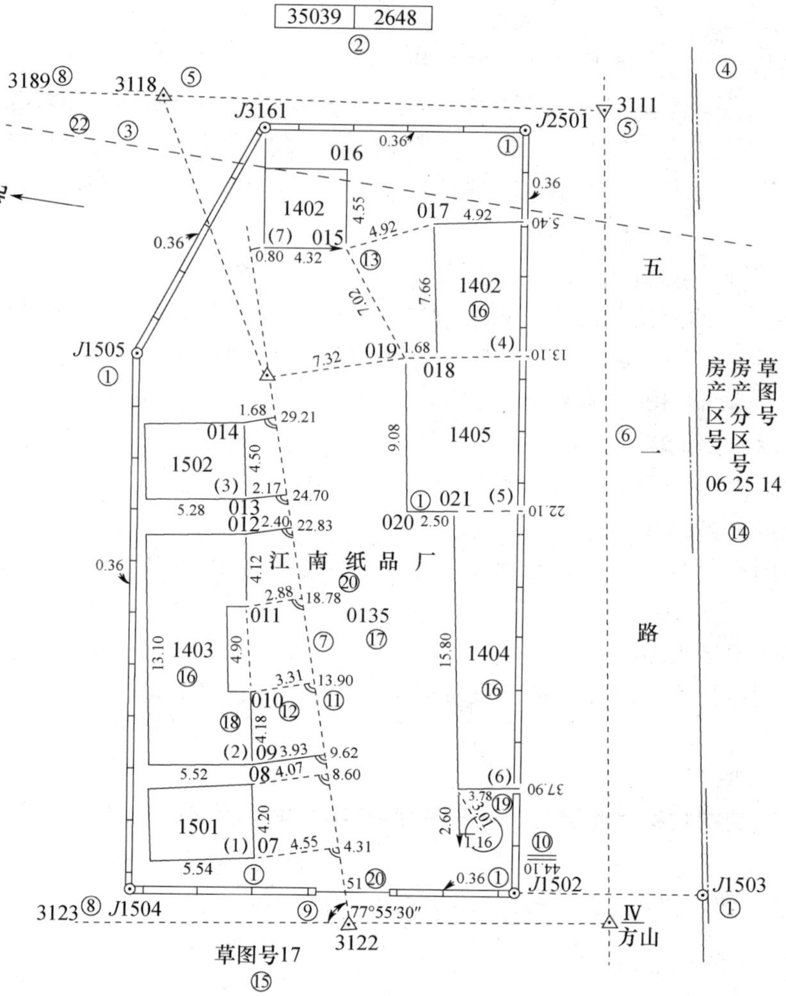


图 5-12 房屋用地测量草图

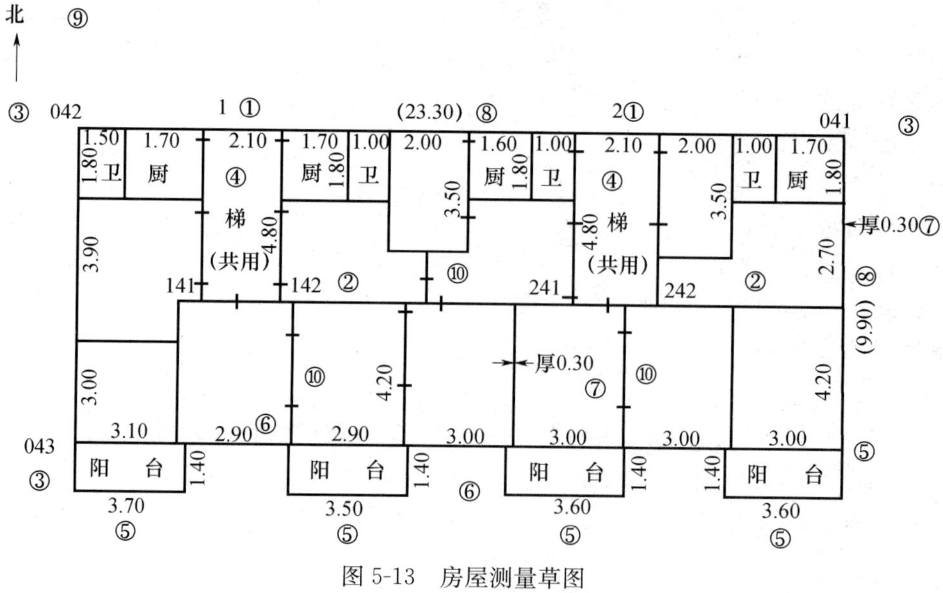


图 5-13 房屋测量草图

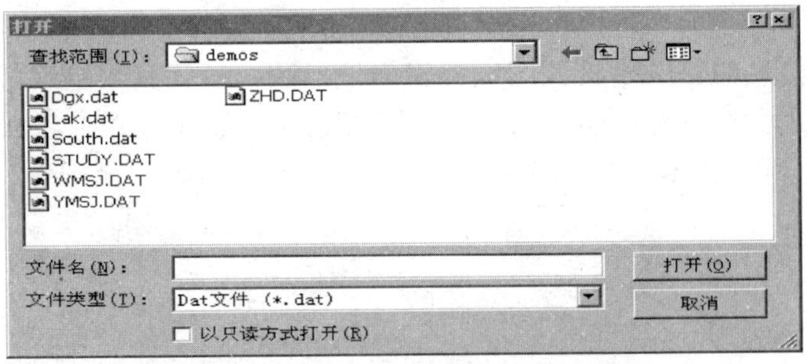


图 5-14　选择 DAT 坐标文件窗口

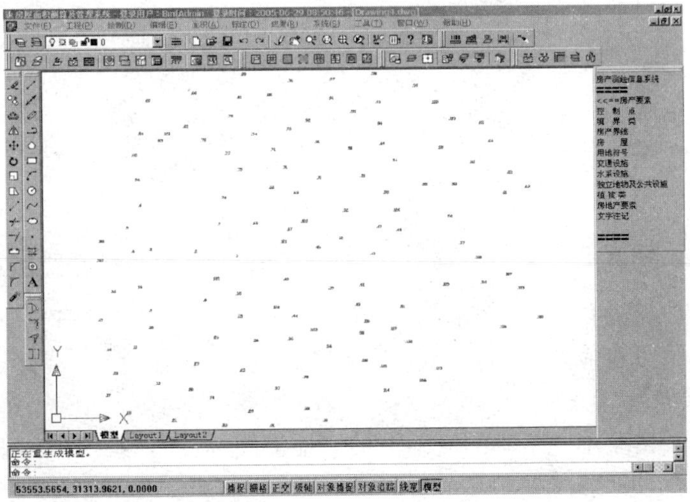

图 5-15　展点后的状态

2. 绘制房产要素

房产要素包括控制点、房屋、境界线、独立地物、植被、交通设施、水系设施及文字标注等。根据命令行提示进行绘制，当所有的房产要素绘制完毕后，效果图如图 5-16 所示。

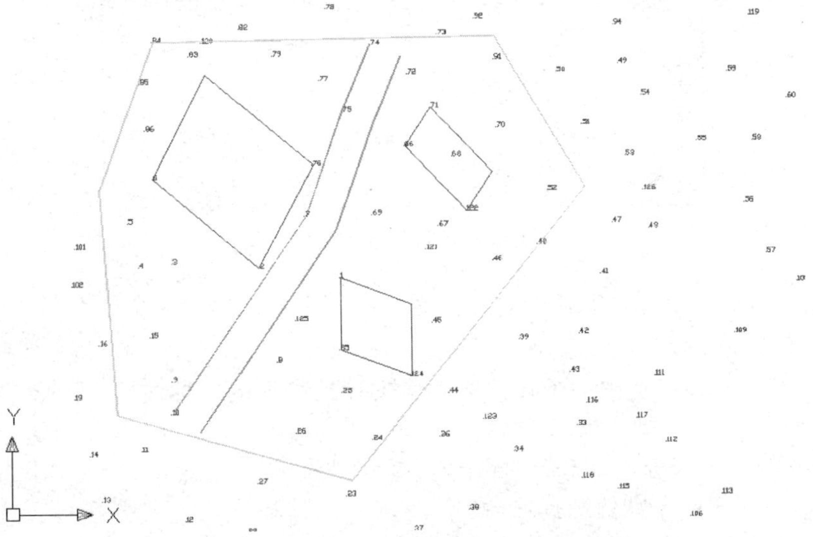

图 5-16　绘制好房产要素的图形

3. 设置地形图信息

设置地形图信息的目的是将该图纸标识为地形图，设置其图幅编号等信息。

具体操作方式：在打开绘制好房产要素的图形上，单击菜单“基础测绘”下的“设置地形图信息”，弹出如图 5-17 所示的窗口。

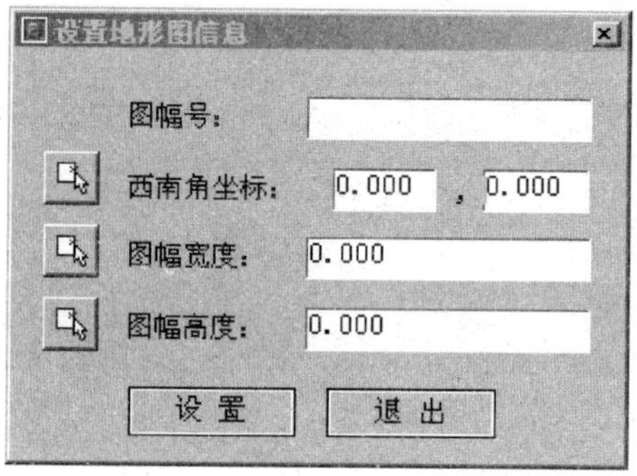


图 5-17 “设置地形图信息”窗口

在该窗口中，输入地形图的图幅号，然后单击指定图幅的西南角坐标，再单击在图上拉选出图幅的宽度和图幅的高度，最后单击“设置”即可。如果成功，系统在命令行会给出“设置成功!”的提示。

4. 标注房屋属性

具体操作：单击菜单“基础测绘”下的“地形图标注”，系统弹出如图 5-18 所示的对话框。

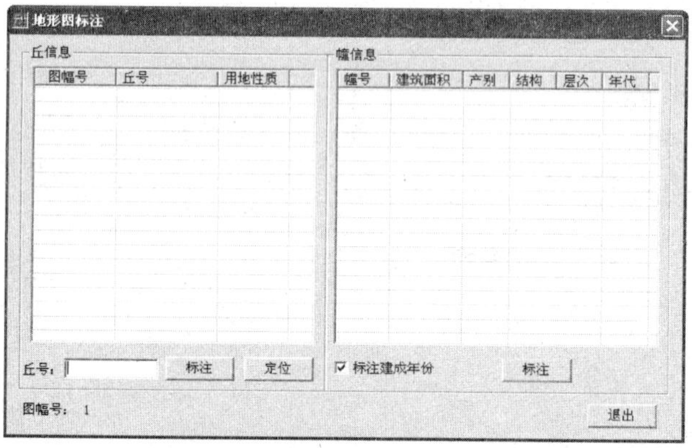


图 5-18 “地形图标注”窗口

如果系统数据库中存在的丘号有在该图幅范围内的，那么该丘就会显示在丘信息窗口中，如图 5-19 所示。

在图 5-19 所示窗口选中一个丘，然后单击丘信息下的“标注”，那么在命令行就会提示：

选择标注项目（1. 丘号；2. 丘号/用地性质；3. 丘面积）<1>

其中<1>代表回车默认选择丘号。

这样可以对丘号、用地性质和丘面积进行标注。

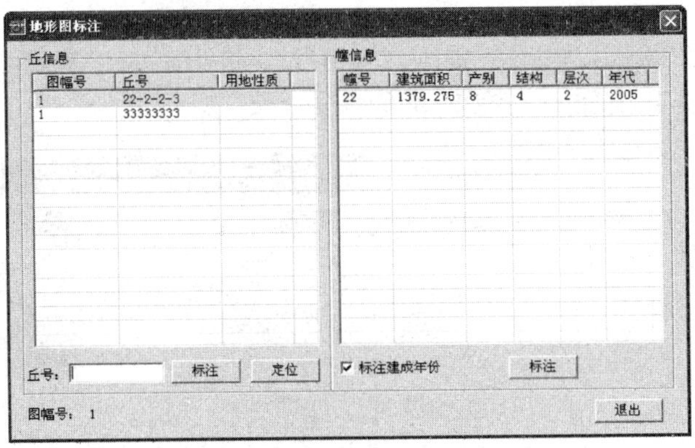

图 5-19 “地形图标注”窗口

在图 5-19 所示的窗口中，单击一个丘，则在幢信息窗口会列出该丘下的所有幢，选中某幢，单击“标注”，命令行提示：

当前标注幢号＜（123）＞

回车，提示：

输入标注的位置：

用鼠标单击图上标注位置。回车，命令行又提示：

输入标注的位置（84022005/1379.28）：

这样就可以把房屋幢的幢号、产别、性质、结构、层次、年份及面积信息全部标注在图上了。

如果单纯做基础测绘时，丘、幢数据在数据库中是不存在的，可以利用手工标注房屋属性来操作。其具体操作：

单击菜单“标注”下的“标注房屋属性”，命令行出现：

选择对象：

这时用鼠标去图上拾取房屋的边线，回车，弹出如图 5-20 所示的窗口。

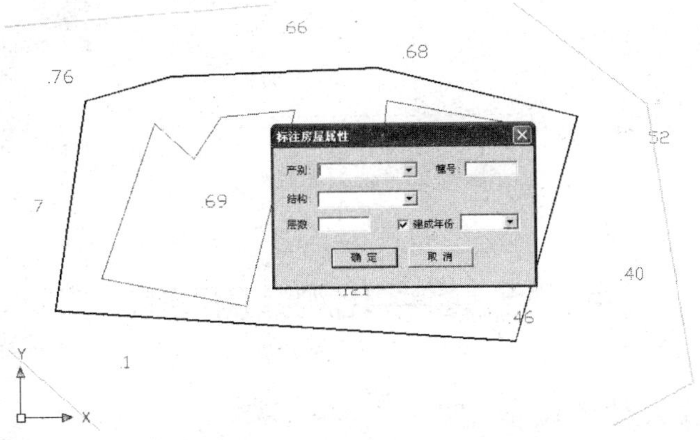

图 5-20 “标注房屋属性”窗口

这时，在房屋产别、幢号、结构等后面选择相应的内容，最后单击“确定”按钮则在图上将“房屋属性标注”了出来，如图 5-21 所示。至于具体的房屋面积，可用注写文字的方式标记上去。

5. 输出分幅图与分丘图

系统加入房产图图框，输出分幅图、分丘图。单击菜单“基础测绘”下的“生成分丘/分幅图”，系统会弹出如图 5-22 所示的窗口。

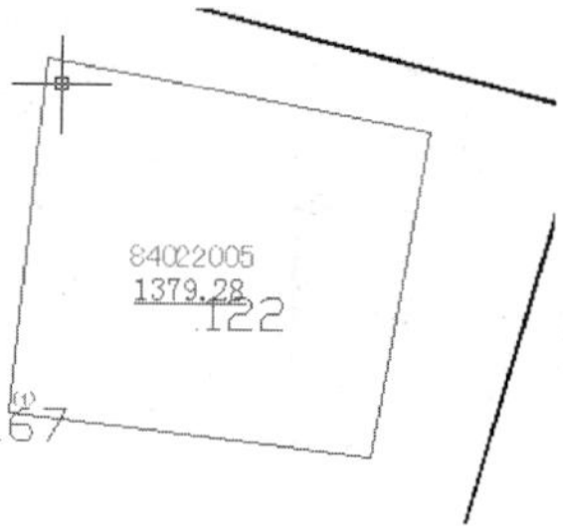


图 5-21　房屋属性标注

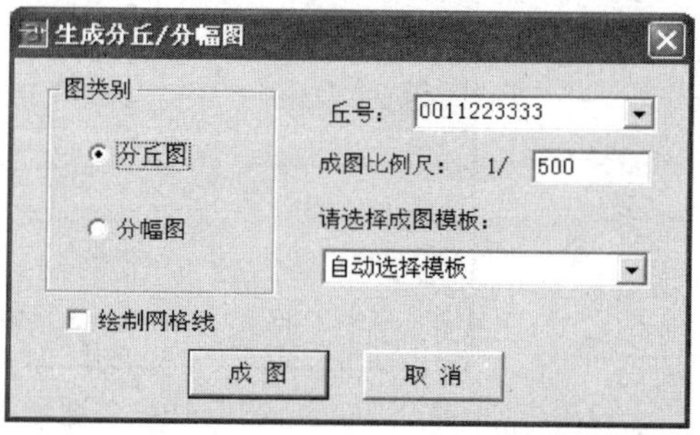


图 5-22　“生成分丘/分幅图”窗口

这时，选择成图类别为分幅图，然后选择成图模板，单击“成图”按钮。然后注意命令行提示输入“西南角点”，此时应在屏幕上合适位置单击设置“西南角点”位置，单击完成后命令行继续提示“选择第二点”，这时需框选所要生成图形的范围，最后即可生成相应的成果图，如图 5-23 所示。

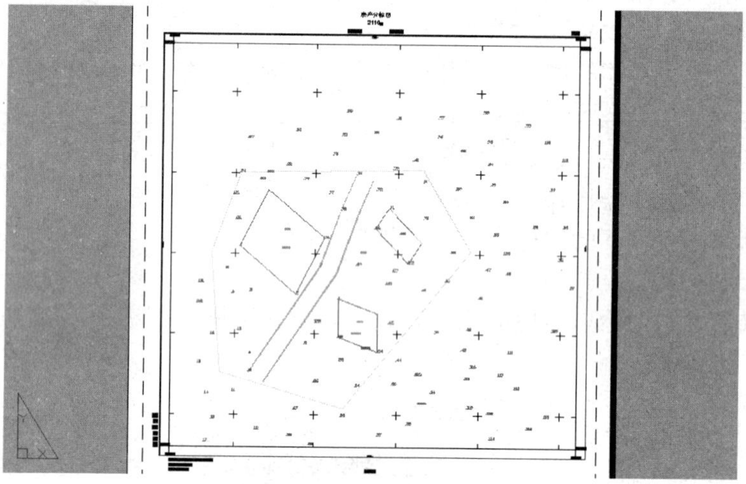

图 5-23　分幅图成果图

# 项目任务　数字化测绘房产图实训

## 一、小组成员及仪器设备安排

本项目实施以小组为单位，按 4～6 人/组对授课班级进行分组，每组确定一名组长，负责组织和管理本组成员完成本项工作任务，教师做好现场引导、检查和考核工作，小组成员工作职责如表 5-5 所示。

**表 5-5　各小组成员工作职责表**

| 序号 | 小组成员工作分工 | 小组成员工作职责 | 姓名 | 备注 |
| --- | --- | --- | --- | --- |
| 1 | 观测员 | 主要负责现场使用仪器采集界址点坐标工作 | | |
| 2 | 立尺员 | 主要负责确定和处理测量观测点工作 | | |
| 3 | 记录员 | 主要负责现场记录和处理观测数据工作 | | |
| 4 | 绘图员 | 主要负责绘制本项目相关的测量图纸工作 | | |
| 5 | 检查员 | 主要负责控制和检查本组测量精度工作 | | |
| 6 | 资料员 | 主要负责整理和提交本组测量成果工作 | | |

所需仪器设备：全站仪或 GPS RTK（或经纬仪和测距仪）、测距仪（皮卷尺或钢卷尺）、计算机、房产绘图处理软件（可参考南方测绘公司 CASS 成图软件）、数据线等。

## 二、实施要求、步骤及方法

实施要求：各小组选取两幢教学楼，用全站仪或 GPS RTK 进行界址点测量并绘制成图，在此基础上分别以两幢房屋为单位制作房产分幅图、以每幢教学楼为单位制作房产分丘平面图。

实施步骤：收集资料→现场踏勘→技术设计→检校仪器→确定界址点位置→界址点坐标测量→内业成图

实施方法：

（一）收集资料

（1）广泛收集测区及其附近已有大比例尺地形图、地籍调查表、宗地图等资料。

（2）收集控制测量的技术要求和规定，准备相应的规范：《房产测量规范》《城市测量规范》。

（3）了解测区的行政划分、社会治安、交通运输、物资供应、风俗习惯、气象、地质情况。

（二）现场踏勘

携带收集到的测区地形图、地籍调查表、宗地图等资料到现场踏勘。踏勘主要了解以下内容：

（1）实地查看界址点位置，了解各宗地的用地范围，并在参考图件上用红笔清晰地标记出界址点的位置和宗地的用地范围。

（2）原有地形图是否与现有地物、地貌相一致，着重踏勘需测量范围的界址点位置，为方案设计做准备。

（3）调查测区内交通现状，以便确定合理的高程测量方案，测量时选择适当的交通工具。

（4）现场踏勘应做好记录。

（三）技术设计

技术设计是根据项目的规模、测量精度的要求及合同、业主和监理的要求，结合测区自然地理条件的特征，设计最佳观测方案，保证在规定期限内保质保量地完成任务，并依据工程设计意图及其对界址点测量的精度要求，拟定合理的观测方案。

（四）检校仪器

按规范要求在控制测量作业前对准备使用的仪器和配套的器具进行检定和校准。

（五）野外实测

（1）角度测量

观测的方法及要求：采用精度不低于 $DJ_6$ 级经纬仪，一般采用方向观测法观测半个测回（当视距大于 150m 时需测一个测回），多于 3 个方向时，应归零，归零差不应大于 18″，对中误差不大于 3mm。

瞄准目标时尽量照准界址点标志，对不能直接照准标志的界址点或控制点，须悬挂垂球线或铅垂线立细测钎，尽量不用竖立花杆作照准方向。

（2）距离测量

① 光电测距

光电测距时，应进行两次读数，其差值不得超过 1cm。测距成果中，需加入常数、倾斜改正。倾角用经纬仪测半测回。

② 钢卷尺量距

在丈量较短的平坦距离时，钢卷尺量距往往比光电测距还方便。钢卷尺量距时，宜丈量两次，并进行尺长改正，两次较差的绝对值应小于 5cm。

以上观测可用全站仪或 GPS RTK 代替经纬仪和钢卷尺直接对界址点进行坐标测量（实训过程中采用全站仪或 GPS RTK 进行实训）。

（六）内业整理

极坐标法测定界址点的观测记录及计算表格见表 5-6。

**表 5-6　界址点观测记录及计算表格**

日期　　　年　　　月　　　日　　仪器编号　　　　观测者　　　　记录者

| 测站点号 | 目标点号 | 水平角（° ′ ″） | 方向角（° ′ ″） | 边长 $S$（m） | 坐标 | | 备注 |
|---|---|---|---|---|---|---|---|
| | | | | | $x$（m） | $y$（m） | |
| | | | | | | | |
| | | | | | | | |
| | | | | | | | |
| | | | | | | | |

（七）内业成图

本项目可采用南方测绘公司绘图软件绘制房产分幅图、房产分丘图。房产分幅图、房产分丘图的作业流程描述：

（1）展点。

（2）绘制房产要素、标注用地符号、注记文字。

（3）设置地形图信息。

（4）标注房屋属性。

（5）输出分幅图与分丘图。

参考软件：南方测绘公司 Cass 软件系列。

## 三、技术要求

界址点测量和房产分幅图、房产分丘图、房产分户图的测绘要求及方法已在项目五中各章节中详细介绍，可参考相关内容。

## 四、考核及评价

本项目按照时间、质量、安全、环保、文明五个方面要求进行考核。学生按照表5-7的要求进行自评和互评，教师进行总评，最终形成各组完成该项目的考核成绩。

**表 5-7　项目考核评价表**

小组序号：________________项目实施时间及地点：____________________

小组成员姓名：________________________________________

总　　分：________________

| 序号 | 考核项目 | 考核内容及要求 | 评分标准 | 配分 | 学生自评15% | 学生互评25% | 教师考评60% | 得分 |
|---|---|---|---|---|---|---|---|---|
| 1 | 时间要求 | 8学时 | 超时倒扣分，10分/学时 | 20 | | | | |
| 2 | 质量要求 | 仪器参数设置 | 界址点测量过程中仪器参数设置有误，扣5分/处 | 5 | | | | |
| | | 界址点坐标测量 | 1. 观测数据的误差值超过规定要求，每超过1″（或1mm）扣2分，测量成果错误扣5分/处；<br>2. 仪器操作不规范，扣10分 | 30 | | | | |
| | | 成图质量 | 1. 分幅图或分丘图图面出现错误，每处扣2分；<br>2. 未按规定要求完成扣5分 | 30 | | | | |
| 3 | 安全要求 | 遵守安全操作规程 | 1. 未按要求穿工作服扣2分；<br>2. 保护设备不当扣3分 | 5 | | | | |
| 4 | 环保要求 | 遵守环保生产规则 | 不遵守酌情扣1～5分 | 5 | | | | |
| 5 | 文明要求 | 遵守文明生产规则 | 不遵守酌情扣1～5分 | 5 | | | | |

## 【项目学习小结】

房产图是开展房屋产权、产籍管理工作的基础图件，房产图测绘是一项具有政策性、专业性、技术性和现势性等特点的工作。通过本项目知识的学习，能熟悉关于房产图测绘的各类基础知识，并且能在符合《房产测量规范》要求的前提下，学会房产图的测量和绘制工作。清楚房产分幅图、房产分丘图和房产分户图的测绘内容和要求。学习本项目知识点后要知道怎样识读房产图，清楚一幅房产图所表达的内容，在实际工作中要知道在各类图上应该测什么、怎么测、最后怎么绘制成图，这些是学生应掌握的基本技能。

# 项目六　房产面积测算

学习目标

了解及掌握房产面积的构成及测算的方法；熟悉房产测算中的精度要求；了解及掌握房屋建筑面积测算的相关要求和内容；了解及掌握房屋建筑面积分摊的相关要求和内容。

学习目标

房产面积测算的要求以及计算建筑面积的条件；共有使用权宗地面积计算中，分摊土地面积的方法和原则；共有共用建筑面积的含义和分类，共有共用建筑面积中应分摊的共有建筑面积主要内容，共用建筑面积中不应分摊的共有建筑面积主要内容。

## 第一节　房产面积

### 一、房产面积的构成

房产面积指的是水平面积，可分为房屋面积和用地面积两个部分。

1）房屋面积可分为房屋建筑面积、共有建筑面积、产权面积、使用面积等。

（1）房屋建筑面积。房屋建筑面积或称房屋展开面积，是房屋各层建筑面积的总和。其可分为使用面积、辅助面积和结构面积三个方面。房屋建筑面积按房屋外墙或柱勒脚以上各层的外围水平投影面积计算，包括阳台、挑廊、地下室、室外楼梯等。房屋具备测算建筑面积的条件必须是具备上盖、结构牢固、层高在 2.20m 以上（含 2.20m）的永久性建筑。

（2）共有建筑面积。房屋共有建筑面积是指各产权主共同占有或共同使用的建筑面积。

（3）产权面积。产权面积是指产权主依法拥有房屋所有权的房屋建筑面积。产权面积由直辖市、市、县房地产行政主管部门登记确权认定。

（4）使用面积。房屋使用面积是指房屋户内全部可供使用的净空间面积，按房屋的内墙面水平投影计算。但值得注意的是，不包括房屋内墙、柱等结构构造和保温层的面积。

2）用地面积可分为房屋占地面积、其他用途的土地面积及各项地类面积。

在用地面积测算过程中，以丘作为单位进行。用地面积测算包括房屋占地面积、其他用途的土地面积测算，各项地类面积的测算。

以下土地不计入用地面积：

（1）无明确使用权属的冷巷、巷或间歇地。

（2）市政管辖的道路、街道、巷道等公共用地。

（3）公共使用的河流、水沟、排污沟。

（4）已征用、划拨或属于原房产征记载范围，经过规划部门核定需要作为市政建设的用地。

（5）其他按规定不计入用地的面积。

## 二、用地面积测算的方法

用地面积的量算可采用坐标解析法、实地量距法和图解法。

1. 坐标解析法

采用坐标解析法的测算方式，能够确保在房产测量中成果要求的精确度，可以大大提高房产测绘的成果质量。采用坐标解析法的前提是在建立房产平面控制测量的成果基础上，掌握相对准确的房屋用地界址点、边界点或房角特征点。根据界址点坐标成果表上数据，按下式计算面积：

$$S=\frac{1}{2}\sum_{i=1}^{n}X_i(Y_{i+1}-Y_{i-1}) \tag{6-1}$$

或

$$S=\frac{1}{2}\sum_{i=1}^{n}Y_i(X_{i-1}-X_{i+1}) \tag{6-2}$$

式中　$S$——面积，$m^2$；

$X_i$——界址点的纵坐标，m；

$Y_i$——界址点的横坐标，m；

$n$——界址点个数；

$i$——界址点序号，按顺时针方向顺编。

面积中误差的计算公式为

$$m_s=\pm m_j\sqrt{\frac{1}{8}\sum_{i=1}^{n}D_{i-1,i+1}^2} \tag{6-3}$$

式中　$m_s$——面积中误差，$m^2$；

$m_j$——相应等级界址点规定的点位中误差，m；

$D_{i-1,i+1}$——多边形中对角线长度，m。

2. 实地量距法

实地量距法是指在实地使用测距仪或手持测距仪、钢卷尺等量距工具量取有关图形的边长，从而计算出该几何图形的面积。实地量距法是目前房产测量中最普遍的面积测算方式。

对于规则图形，常见的如矩形、方形的房屋或房间，可根据实地丈量的边长（一般用测距工具量取其边长）直接计算面积；如果是不规则图形，将其分割成简单的几何图形，然后分别计算面积，用简单的加减运算即可算出其面积。

该方式量测精度较低。

3. 图解法

图解法是在图上量算面积，量取的方法可选用求积仪法、几何图形法等，即在图上量取房屋图形的长度，计算出图形的面积，或量取图形坐标，计算图形的面积。图上面积测算均应独立进行两次，两次量算面积较差不得超过下式规定：

$$\Delta S = \pm 0.0003M\sqrt{S} \tag{6-4}$$

式中 $\Delta S$——两次量算面积较差，$m^2$；

$S$——所量算面积，$m^2$；

$M$——图的比例尺分母。

两次量算的面积较差应在规定的限差以内，取中数作为最后结果。

此外，使用图解法量算面积时，图形面积不应小于 $5cm^2$。图上量距应量至0.2mm。

## 三、房产面积测算的方法

由于房产测量精度要求较高，目前开展的房产测量工作一般都采用内外业一体化数字测量方法，在房产测量时必须使用质检部门鉴定合格的仪器进行测量。而测绘技术发展至今，关于房产面积测算的方法，可采用解析法、图解法两种。

(1) 解析法测算面积。解析法的测算，能够确保在房产测量中对成果精度的要求，可以大大提高成果的质量。解析法测算面积是根据实地测量的数据，例如，边长、角度或坐标等通过计算公式求得面积值。解析法测算面积主要包括界址点坐标解析测算面积和几何图形法量算面积。

(2) 图解法测算面积。图解法是根据图纸量算面积，量法多种多样（求积仪、称重法、模片法、光电面积量算仪法等），即在图上量取有关房屋图形的长度，计算出图形的面积，或通过量取图形坐标计算图形的面积。这种方法精度比较粗略，量测的精度较低。

## 四、房产面积测算的精度及要求

房屋建筑面积测算一律以中误差作为评定精度的标准，以2倍中误差作为房屋建筑面积测算的最大限差，超过2倍中误差的要返工重测。

我国房产面积的精度分为3个等级，根据实践和实际的要求，一般采用2个精度等级，即采用二级、三级精度等级标准。对新建商品房，建筑面积测算精度采用二级精度要求；对其他房产，建筑面积测算精度采用三级精度要求；其余有特殊要求的用户和城市商业中心黄金地段可采用一级精度。各等级房屋面积测算的限差和中误差见表6-1。

**表6-1 各等级房屋面积测算的限差和中误差**

| 房产面积的精度等级 | 房屋面积限差 | 房屋面积中误差 |
|---|---|---|
| 一级 | $0.02\sqrt{S}+0.0006S$ | $0.01\sqrt{S}+0.0003S$ |
| 二级 | $0.04\sqrt{S}+0.002S$ | $0.02\sqrt{S}+0.001S$ |
| 三级 | $0.08\sqrt{S}+0.006S$ | $0.004\sqrt{S}+0.003S$ |

注：$S$ 为房产面积，单位为 $m^2$。

## 第二节 房屋建筑面积测量

### 一、需计算全部建筑面积的范围

（1）永久性结构的单层房屋，按一层计算建筑面积；多层房屋按各层建筑面积的总和计算。

（2）房屋内的夹层、插层、技术层及其梯间、电梯间等其高度在 2.20m 以上部位计算建筑面积。

（3）穿过房屋的通道，房屋内的门厅、大厅，均按一层计算面积。门厅、大厅内的回廊部分，层高在 2.20m 以上的，按其水平投影面积计算。

（4）楼梯间、电梯（观光梯）井、提物井、垃圾道、管道井等均按房屋自然层计算面积。

（5）房屋屋面上，属永久性建筑，层高在 2.20m 以上的楼梯间、水箱间、电梯机房及斜面结构屋顶高度在 2.20m 以上的部位，按其外围水平投影面积计算。

（6）挑楼、全封闭的阳台按其外围水平投影面积计算。

（7）属永久性结构有上盖的室外楼梯，按各层水平投影面积计算。

（8）与房屋相连的有柱走廊，两房屋间有上盖和柱的走廊，均按其柱的外围水平投影面积计算。

（9）房屋间永久性的封闭的架空通廊，按外围水平投影面积计算。

（10）地下室、半地下室及其相应出入口，层高在 2.20m 以上的，按其外墙（不包括采光井、防潮层及保护墙）外围水平投影面积计算。

（11）有柱或有围护结构的门廊、门斗，按其柱或围护结构的外围水平投影面积计算。

（12）玻璃幕墙等作为房屋外墙的，按其外围水平投影面积计算。

（13）属永久性建筑有柱的车棚、货棚等按柱的外围水平投影面积计算。

（14）依坡地建筑的房屋，利用吊脚做架空层，有围护结构的，按其高度在 2.20m 以上部位的外围水平面积计算。

（15）有伸缩缝的房屋，若其与室内相通的，伸缩缝计算建筑面积。

### 二、计算一半建筑面积的范围

（1）与房屋相连有上盖无柱的走廊、檐廊，按其围护结构外围水平投影面积的一半计算。

（2）独立柱、单排柱的门廊、车棚、货棚等属永久性建筑的，按其上盖水平投影面积的一半计算。

（3）未封闭的阳台、挑廊，按其围护结构外围水平投影面积的一半计算。

（4）无顶盖的室外楼梯，按各层水平投影面积的一半计算。

（5）有顶盖不封闭的永久性的架空通廊，按外围水平投影面积的一半计算。

## 三、不计算建筑面积的范围

（1）层高小于2.20m以下的夹层、插层、技术层和层高小于2.20m的地下室和半地下室。

（2）突出房屋墙面的构件、配件、装饰柱、装饰性的玻璃幕墙、垛、勒脚、台阶、无柱雨篷等。

（3）房屋之间无上盖的架空通廊。

（4）房屋的屋面、挑台、屋面上的花园、泳池。

（5）建筑物内的操作平台、上料平台及利用建筑物的空间安置箱、罐的平台。

（6）骑楼、过街楼的底层用作道路街巷通行的部分。

（7）利用引桥、高架路、高架桥、路面作为顶盖建造的房屋。

（8）活动房屋、临时房屋、简易房屋。

（9）独立烟囱、亭、塔、罐、池和地下人防干、支线。

（10）与房屋室内不相通的房屋间伸缩缝。

## 四、特殊情况下计算建筑面积的规定

（1）同一楼层外墙，既有主墙，又有玻璃幕墙的，以主墙为准计算建筑面积，墙厚按主墙体厚度计算。各楼层墙体厚度不同时，分层分别计算，金属幕墙及其他材料幕墙，参照玻璃幕墙的有关规定处理。

（2）房屋屋顶为斜面结构（坡屋顶）的，层高2.20m以上的部位计算建筑面积。

（3）全封闭阳台、有柱挑廊、有顶盖封闭的架空通廊的外围水平投影超过其底板外沿的，以底板水平投影全部计算建筑面积。未封闭的阳台、无柱挑廊、有顶盖未封闭的架空通廊的外围水平投影超过其底板外沿的，以底板水平投影的一半计算建筑面积。

（4）与室内任意一边相通，具备房屋的一般条件，并能正常利用的伸缩缝、沉降缝应计算建筑面积。

（5）对倾斜、弧状等非垂直墙体的房屋，层高（高度）2.20m以上的部位计算建筑面积。房屋墙体向外倾斜，超出底板外沿的，以底板外沿投影计算建筑面积。

（6）楼梯已计算建筑面积的，其下方空间不论是否利用均不再计算建筑面积。

（7）临街楼房、挑廊下的底层作为公共道路街巷通行的，不论其是否有柱，是否有围护结构，均不计算建筑面积。

（8）与室内不相通的类似于阳台、挑廊、檐廊的建筑，不计算建筑面积。

（9）室外楼梯的建筑面积，按其在各楼层水平投影面积之和计算。

# 第三节　房屋分摊面积测量

## 一、套内面积计算

成套房屋的建筑面积由套内建筑面积及共有建筑面积的分摊组成，包括房屋的使用面积、套内墙体面积和套内阳台建筑面积三部分。

1）套内房屋使用面积。套内房屋的使用面积为套内使用空间的水平投影面积，按以下规定计算：

（1）套内房屋使用面积为套内卧室、起居室、过厅、过道、厨房、卫生间、厕所、储藏室、壁柜等空间面积的总和。

（2）套内楼梯按自然层数的面积总和计入套内房屋使用面积。

（3）不包括在结构面积内的套内烟囱、通风道、管道井，均计入套内房屋使用面积。

（4）内墙面装饰厚度计入套内房屋使用面积。

2）套内墙体面积。套内墙体面积是套内使用空间周围的围护或承重墙体或其他承重支撑体所占的面积，其中各套之间的分隔墙和套与公共建筑空间的分隔墙以及外墙（包括山墙）等共有墙，均按水平投影面积的一半计入套内墙体面积。套内自有墙体按水平投影全部计入套内墙体面积。

3）套内阳台建筑面积。套内阳台建筑面积按阳台外围与房屋外墙之间的水平投影面积计算。其中封闭的阳台按其外围水平投影面积全部计算建筑面积，未封闭的阳台按其外围水平投影面积的一半计算建筑面积。

## 二、共有建筑面积的分类

共有建筑面积是指各产权主共同占有或共同使用的建筑面积，分为应分摊的共有建筑面积和不应分摊的共有建筑面积。

1）不应分摊的共有建筑面积包括：独立使用的地下室、半地下室、车棚、车库；作为人防工程的地下室、避难室（屋）；用作公共休憩用的亭、走廊、塔、绿化等建筑物；为多幢服务的警卫室、设备用房、管理用房；用作公共事业的市政建设的建筑物。

2）应分摊的共有建筑面积包括：作为公共使用的电梯井、管道井、垃圾道、配电室、设备间、公共门厅、过道、地下室、值班警卫室等，以及为整栋服务的公共用房和管理用房的建筑面积；单元与共有建筑之间的墙体水平投影面积的一半，以及外墙（包括山墙）水平投影面积的一半。

根据房屋共有建筑面积的不同使用功能，应分摊的共有建筑面积可分为以下3大类：

（1）全幢共有建筑面积：指为整幢服务的共有建筑面积，如为整幢服务的配电室、水泵房等。

（2）功能区共有建筑面积：指专为某一功能区（如住宅、写字楼、商场、管理用房等）服务的共有建筑面积，如为某一建筑功能服务的专用电梯、楼梯间、大堂等。

（3）本层共有建筑面积：指专为本层服务的共有建筑面积，如本层共有走道、卫生间等。

## 三、共有共用面积

共有共用面积的处理原则如下：

（1）产权双方有合法的权属分割文件或协议的，按其文件或协议规定计算分摊。

（2）无权属分割文件或协议的，根据房屋共有建筑面积的不同使用功能，按相关建筑面积比例进行计算分摊。

（3）参加分摊后产权各方建筑面积之和应等于相应的栋、区域、层的权属建筑面积。对一般的住宅楼共有面积的分摊，首先要计算出房屋的总建筑面积和房屋的套内建筑总面积，进而求出共有共用面积，计算出面积分摊系数后再根据各户的套内建筑面积按比例算出各户应分摊的面积。对于比较特殊的住宅楼及多功能的综合楼，还可能涉及二级分摊和多级分摊，这种情况应按照“谁受益，谁分摊”的原则，逐级进行分摊。

按相关建筑面积比例进行分摊，计算各单元的应分摊面积，公式如下：

$$\delta S_i = KS_i \tag{6-5}$$

式中 $\delta S_i$——各户应分摊的共有公用面积；

$K$——面积的分摊系数；

$S_i$——参加分摊的各户套内建筑面积。

其中分摊系数 $K$ 的计算方法如下：

$$K = \sum \delta S_i / \sum S_i \tag{6-6}$$

式中 $\sum \delta S_i$——需要分摊的分摊面积总和；

$\sum S_i$——参加分摊的各单元建筑面积总和。

共有建筑面积可以分为局部（某一功能区）共用、某一层共用、幢（院）共用和其他共有建筑面积四类。

按照共用建筑面积谁受益、谁分摊的原则，在处理原则的总体要求下采用一级分摊或多级分摊的方法按面积比例进行分摊。按照式（6-5）和式（6-6），对于不同功能区的分摊面积和分摊系数可按下列方法进行计算。

（1）住宅部分各套房屋的分摊面积。

套分摊面积＝套内建筑面积×套分摊系数 $K$

分摊系数 $K$＝（幢共有分摊面积＋住宅部分共有建筑面积）/住宅部分各套建筑面积之和

（2）商业部分各权属单元的分摊面积。

权属单元的分摊面积＝权属单元套内面积×权属单元分摊系数

权属单元分摊系数＝（层分摊面积＋层内共有面积）/层内各权属单元套内建筑面积之和

层分摊面积＝层套内建筑面积×层分摊系数

层分摊系数＝（幢共有分摊面积＋商业部分共有建筑面积）/（商业部分各层套内建筑面积＋商业部分各层内共有建筑面积）

（3）多功能综合楼：多功能综合楼共有建筑面积按各自的功能，参照商住楼的分摊方法进行共有面积分摊。

# 项目任务　测算房屋建筑面积实训

## 一、小组成员及仪器设备安排

项目实施以小组为单位，按 4～6 人为一组对授课班级进行分组，每组确定一名组长，负责组织和管理本组成员完成本项工作任务，教师做好现场引导、检查和考核工作，小组成员工作职责见表6-2。

**表6-2　各小组成员工作职责表**

| 序号 | 小组成员工作分工 | 小组成员工作职责 | 姓名 | 备注 |
| --- | --- | --- | --- | --- |
| 1 | 观测员 | 主要负责现场使用仪器采集原始数据工作 | | |
| 2 | 立尺员 | 主要负责确定和处理测量观测点工作 | | |
| 3 | 记录员 | 主要负责现场记录和处理观测数据工作 | | |
| 4 | 绘图员 | 主要负责绘制本项目相关的测量图纸工作 | | |
| 5 | 检查员 | 主要负责控制和检查本组测量精度工作 | | |
| 6 | 资料员 | 主要负责整理和提交本组测量成果工作 | | |

所需仪器设备：全站仪（或测距仪）、皮卷尺（钢卷尺）、计算机、数据处理软件、数据线。

## 二、实施要求、实施步骤及方法

实施要求：各小组选取任意一栋教学楼，利用房产分层、分户平面图或通过仪器施测房屋边长，提出房屋的公摊面积分配方案，测算房屋建筑面积。

实施步骤：收集资料→检校仪器→边长测量→房屋建筑面积测算。

实施方法：

（一）收集资料

(1) 广泛收集测区房屋质量检查（验收）记录，建筑设计（竣工）图，建筑施工变更联系单，与本宗房产相关的、有效的规划、国土、城建、房地产等主管部门批文或约定（建设工程规划许可证、土地许可、规划红线、建设用地批准书等有关建房证件及附图等）等资料。

(2) 收集房产面积测算的技术要求和规定，准备相应的规范：《房产测量规范 第1单元：房产测量规定》(GB/T 17986.1—2000)；《房产测量规范 第2单元：房产图图式》(GB/T 17986.2—2000)；《贵州省房屋建筑面积测算实施细则（试行）》；与本宗房屋相关的、有效的规划、城建、房地产主管部门批文或约定。

(3) 了解测区的行政划分、社会治安、交通运输、物资供应、风俗习惯、气象、地质情况。

（二）检校仪器

按规范要求，在边长测量作业前，对准备使用的仪器和配套的器具，进行检定和校准。

（三）边长测量

① 光电测距

光电测距时，应进行两次读数，其差值不得超过1cm。测距成果中，须加入常数，倾斜改正。

② 钢卷尺量距

在丈量较短的平坦距离时，钢卷尺量距往往比光电测距还方便。钢卷尺量距时，宜丈量两次，并加入尺长改正，两次较差的绝对值应小于5cm。

以上观测亦可用全站仪直接对房角点进行坐标测量，然后导入成图软件测算房屋套内面积。

（四）房屋建筑面积测算

计算房屋套内建筑面积，根据实际情况提出面积公摊分配方案，计算共有建筑面积的分摊，汇总房屋建筑面积。

## 三、技术要求

房屋面积分摊方案应符合《房产测量规范》（GB/T 17986）相应要求，房屋面积测算误差满足表6-1中的三级精度要求。

## 四、考核及评价

项目按照时间、质量、安全、环保、文明五个方面要求进行考核。学生按照表6-3的要求进行自评和互评，教师进行总评，最终形成各组完成该项目的考核成绩。

**表6-3　项目考核评价表**

小组序号：____________________项目实施时间及地点：______________________________

小组成员姓名：______________________________________________________

总　　分：____________________

| 序号 | 考核项目 | 考核内容及要求 | 评分标准 | 配分 | 学生自评15% | 学生互评25% | 教师考评60% | 得分 |
|---|---|---|---|---|---|---|---|---|
| 1 | 时间要求 | 4学时 | 超时倒扣分，5分/学时 | 20 | | | | |
| 2 | 质量要求 | 面积精度 | 1. 面积未以 $m^2$ 为单位或未取至 $0.01m^2$，扣10分；<br>2. 面积误差超过两倍中误差，扣30分，且需返工重测 | 40 | | | | |
| | | 边长测量 | 1. 边长未以m为单位或未取至0.01m，扣10分；<br>2. 仪器操作不规范，扣20分 | 30 | | | | |
| | | 误差调整 | 处理方法不当扣5分 | 10 | | | | |
| 3 | 安全要求 | 遵守安全操作规程 | 1. 未按要求穿工作服扣2分；<br>2. 保护设备不当扣3分 | | | | | |
| 4 | 环保要求 | 遵守环保生产规则 | 不遵守酌情扣1～5分 | | | | | |
| 5 | 文明要求 | 遵守文明生产规则 | 不遵守酌情扣1～5分 | | | | | |

## 【项目学习小结】

房屋建筑面积测算是房产测绘的主要任务之一。其主要内容是测定房产权界、房屋的建筑面积、坐落位置形式、房屋的层次、结构、分户的建筑面积以及共用面积分摊等基础数据。这些数据经房地产发证机关确认后，作为核发房屋所有权证的测绘资料及所有权证的附图，是核定产权、颁发权证、保障房地产占有和使用者的合法权益的重要依据。房屋面积测算成果的正确与否，涉及千家万户的切身利益。从事房产测绘的技术人员必须认真负责地做好房屋面积的测算工作，确保房屋建筑面积测算成果的可靠性。

# 项目七　变更测量

## 学习目标

房产变更测量是房产测绘中一项极为重要的工作。通过对发生变更的房产及房产用地属性及时地进行数据更新，以保证房产数据信息的现势性、准确性以及可靠性。通过本项目的学习，学生了解变更测量工作，熟悉变更测量的内容、流程以及工作要求，重点掌握变更要素的调查方法、变更测量工作的实施、变更测量后资料的整理。

## 学习重点

房产变更测量的内容、房产变更测量的实施流程、房产变更测量的工作要求、房产变更调查、房产变更测量、房产变更测量后资料的整理。

## 第一节　房产变更测量概述

房产是一种具有流通性的事物。随着城镇化进程的加快，房产交易也是日渐活跃。当前农村居民的经济水平也日益提升，农村宅基地修建率也明显提高。房产变更不仅指房产权属的变更，也包括房产现状的变更。如：房产的买卖、继承、交换等属于房产权属的变更；房产的分割、拆除、重建等属于房产现状的变更。权属变更和现状变更也是互相联系的，权属变更直接影响现状变更，现状变更也为权属变更服务。权属变更体现在产权证附图和房产登记档案中，为产权登记证明测量提供依据，其中产权登记附图具有法律效力，必须做到变更有据，不能做任意的更改和重绘。现状变更主要体现在分幅图和分丘图上相关要素的变更调整，一般认为其属于修补测分幅图。随着房产权属变更和现状变更的日益频繁，为了保证房产测绘成果资料的现势性和准确性，使其满足变更登记的需要，必须根据房产的变更及时进行房产的变更测量。

房产变更测量是指在完成房产测绘工作之后，为保证房产数据的现势性而进行的房产及其附属建筑物的权属、位置、界线、数量、质量的变更调查和测量。

### 一、房产变更测量的内容

（一）现状变更测量的内容

（1）房产的新建、拆迁、改建、扩建，房产建筑结构、层数的变化。

（2）房产的损坏与灭失，包括全部拆除或部分拆除、倒塌和烧毁。

（3）围墙、栅栏、篱笆、铁丝网等围护物以及房产附属设施的变化。

（4）道路、广场、河流的拓宽、改造，河、湖、沟渠、水塘等边界的变化。

（5）地名、门牌号的更改。

（6）房产及其用地分类面积增减变化。

（7）行政境界的调整（市辖区界的变动），涉及房地产编号的修正。

（二）权属变更测量的内容

（1）房产买卖、交换、继承、分割、赠与、兼并等引起的权属的转移。

（2）土地使用权界的调整，包括合并、分割、塌没和截弯取直。

（3）征拨、出让、转让土地而引起的土地权属界线的变化。

（4）法院等司法部门裁决的房产转移和变更，以及房产管理部门按照政策处理的接管、代管和发还的房产。

（5）房产他项权利（抵押、典当）设定权利范围的变化或注销。

（6）房产权利所属人自行申请更正，发证单位因申请人隐瞒事实、伪造有关证件等引发错证的补充与更正。

## 二、房产变更测量的实施流程

进行房产变更测量前需借助各种渠道（如，城市建设规划部门、政府房地产管理部门、交易市场、房地产开发企业、民政部门、市政公用部门、房地产开发企业等）进行变更资料的收集，并对获取的资料进行分析、整理、归类和列表，同时调阅房产登记资料和房产图件资料，为现场调查工作做准备。在完成准备工作的基础之上，可依次展开变更测量的外业和内业工作。现将房产变更测量的实施流程总结如下：

（1）准备工作。

（2）变更要素调查。

（3）变更要素测定。

（4）房地产编号调整。

（5）房产资料处理。

其中，步骤（2）（3）隶属变更测量的外业工作，步骤（4）（5）属于变更测量的内业工作。

## 三、房产变更测量的要求

房产变更测量服务于房产产权管理，因此《房产测量规范》（GB/T 17986）提出了在进行变更测量工作的同时，必须执行有关的房地产政策和行政法规。

（1）房产变更测量必须做到变更有据，且对原已登记发证而确认的房产权界位置和发证面积是不得任意更改的。

（2）房产分割或合并时，分割应以已进行过房产初始登记，法令并无禁止分割且分割处必须有固定界标或明显的分界线为准；合并应以已进行过房产登记，位置毗连且权属相同的房屋及其用地为限。

（3）房产所有权发生转移时，其房产的占地范围内的土地也要随之更改。

（4）在所有权上设立的他项权利，必须是首先进行过房产登记的房屋。他项权利范围变更，应根据抵押、典当合同，注销原权利范围，重新划定新权利范围。

## 第二节 房产变更调查

房产变更调查是指针对房产变更开展的一系列调查工作。根据房产变更的类别，房产变更调查可分为两类：现状变更调查和权属变更调查。

（1）现状变更调查。它是指针对房产及其用地的自然状况变化展开的调查工作。主要包括地名、门牌号、建筑结构、层数、落成年份、用途、用地分类等情况。在开展现状变更调查的过程中，需参照房产图进行仔细的调查与核实，并认真如实填写调查表。

（2）权属变更调查。它是指针对房产及其用地的权利状况展开的调查工作。主要包括权利类别、权利人、他项权利人、权利范围、四至界标、墙体归属、权源等的调查与核实。在进行权属变更调查过程中，应利用申请表或调查表，进行严格的调查与核实。其中，权属变更调查应为产权审核提供调查材料，包括变更后新的权利界址范围和面积。对权利界址范围的认定可分三个阶段：认定界址、确定界址和标定界址。认定界址时必须得到相邻产权人的认可并签章或具结，必要时还需设立四至界标或签认“四面墙界表”。确定界址时应严格遵循房屋所有权和土地使用权权利主体一致的原则。标定界址时严格按照《房产测量规范》（GB/T 17986）中的相关规定执行，同时在房产图上做好界址变更情况的标示，区别毗连界址的位置。

实施房产变更调查的基本流程如下：

（1）准备工作。收集原有可利用的大比例尺地形图、房产图，或是用地单位测制、标绘的用地界线图作为变更调查工作的底图。

（2）实地指界。由房地产测量人员会同变更前后边界双方指界人到实地指认权属界线。

（3）标界。若权属界处有明显的地物标志，需在实地指明界址线的位置；若权属界处无明显的地物标志，则应根据需要在界址点所处的位置埋设标桩。

（4）签订协议。在双方无异议的情况下，按照统一的规格填写权属界线协议书，且需双方签字盖章。

（5）标图。在变更调查底图上标绘所有的界址调查结果。

（6）提交变更调查成果。变更调查成果包括：权属变更调查地图、权属协议书和房屋调查表。

## 第三节 房产变更测量

### 一、房产变更测量

房产变更测量工作实质就是变更要素的测量工作，在房产变更调查的基础上开展。房产变更测量首先根据已有的变更资料，确定变更范围；根据变更范围的大小和房产图上平面控制点的分布情况，选择不同的变更要素测量方法。根据房产变更的类别，变更测量可分为两种：现状变更测量和权属变更测量。

（1）现状变更测量。若现状变更范围较小，可根据图上原有的房产或设置的测线，采用钢卷尺定点测量法进行测量（限于模拟图），具体应用支距法、距离交会法、延长线法、方向线法等进行。若现状变更范围较大，应先进行平面控制测量，补测图根控制点，然后进行房产图的测绘。若采用解析法测量或全野外数字采集系统时，应在实地布设好足够的平面控制点，设站逐点进行现场的数据采集。

（2）权属变更测量。权属变更测量即为确定变更后的新权界和面积而开展的测量工作。变更测量必须依据变更登记文件（变更登记申请书、房产及用地位置图、权利证明文件），通知当事人并约定日期到现场指界，进行分户测量工作。变更测量的基准点不能选用经修测过的地物点，可以选择现有的平面控制点、界址点、房角点。在确定为基准点之前，必须先检查点位的可靠性。同站检测之差（较差）不可超过图上±0.2mm，即对于比例尺为1/100的地图，相当于实地的2cm；异站或自由设站检测之差（较差）不可超过图上±0.4mm，即对于比例尺为1/100的地图，相当于实地的4cm。当用测定点之间的距离与由坐标反算的距离进行检核时，其距离较差应不超过2倍相应等级平面控制点的点位中误差。根据需要与实地情况，权属变更测量常采用图解法或解析法。

图解法常用于房产分析，须把分界的实际测量数据注记在草图上，并根据实际测量数据计算面积后，再定出分界点在图上的位置。该方法也可用于多产权商品房屋的分户分割。解析法常用于房产用地的分割或合并。用地分割，应把新增界址点的坐标数据、点号注记于草图上，按照坐标在图上标示出分割点的位置；用地合并，取消毗连界址点，用界址坐标计算丘的用地面积。

权属变更测量实测流程如下：

① 准备工作；

② 设立界标；

③ 确定测量基准点；

④ 实地施测；

⑤ 修正分幅图、分丘图。

## 二、房产变更测量精度要求

房产变更测量的精度必须符合《房产测量规范》（GB/T 17986）的要求。变更测量的精度分为图上精度和解析精度。

（1）图上精度。指房产分幅图的图上精度，即图上地物点的点位精度，与成图比例尺有关。国家《房产测量规范》规定房产分幅图的图上地物点相对于相邻控制点的点位中误差不超过图上±0.5mm，且变更测量前后的图上精度需保持一致。

（2）解析精度。指新增界址点的点位（界址点或房角点）精度以及面积计算精度。《房产测量规范》规定：对于全野外采集数据或外业解析测量等方法测得的房产要素点以及地物点，相对于邻近控制点的点位中误差均不可以超过±0.05m；变更测量后，新测定的变更要素点的点位中误差不得超过±0.05m；且变更测量后，新增界址点或房角点的解析精度，须和变更前的原有界址点或房角点的解析精度保持一致。房产变更测量后，房产面积的计算精度，须完全符合相应等级房产面积的精度要求。

用地变更测量后，用地面积如按界址点坐标计算，其面积限差最大值计算如下式：

$$S=2m_j\times\sqrt{\frac{\sum_{i=1}^{n}D_{i-1,i+1}^2}{8}}$$

式中 $S$——面积限差，$m^2$；

$m_j$——相应等级界址点规定的点位中误差，m，

$D_{i-1,i+1}$——界址点连线所组成的多边形中对角线长度，m。

## 第四节 房产变更测量后资料处理

房产变更测量后资料的处理是一项重要的工作，主要包括房地产编号的整理以及变更后房产产权产籍资料的处理。

### 一、房地产编号的整理

在对房产产权产籍资料进行处理之前应先对涉及变动的房产编号进行调整和处理。由于权属发生变化，房产基本图形和分户房产权利范围也发生改变（如丘形的变化，分幢、分户房屋图形的变化，界址点、房角点的增减等），相应地，房产编号也必须做出相应的调整。其中，房产权号、房产共有权号除了整幢房屋拆除必须注销其权号外，一般不予调整。

1. 丘号

用地合并或分割时，需重新编制丘号。新增丘号按编号区内的最大丘号续编；组合丘内，新增的丘支号按丘内的最大丘支号续编。

2. 幢号

房产合并或分割时，需重新编制幢号。新增幢号按丘内最大幢号续编；用地单元中的房产部分拆除的，剩余部分的房产仍保留原幢号；若整幢房产拆除，幢号需注销；丘内新建房产的，按丘内最大幢号续编。

3. 界址点点号、房角点点号

用地合并后，四周外围界址点点号维持原点号不变；用地分割后，新增界址点点号按编号区内最大界址点点号续编。按需要测定的房角点，其新增的房角点点号按编号区内最大房角点点号续编。若整幢房产发生产权转移，已有的房角点点号不变。若整幢房产灭失，其房角点点号以及依附于该房产的权利符号也应该被注销。

### 二、变更后房产产权产籍资料的处理

房产的产权产籍资料主要包括房产图、房产档案、房产卡以及各种账簿和表册，常简称为图、档、卡、册。为了保证房产产权产籍资料的现势性，必须对图、档、卡、册进行及时的更新和调整。变更后的产权产籍资料的处理主要涉及两个方面：变更后已有的登记资料的处理和未登记、未结案的资料处理。

（一）变更后已有的登记资料的处理

1. 图的处理

对于现状的变更，首先通过修补测，实地进行分幅图修正，并做出现状变更记录，以便内业修正分丘图。对于权属的变更，根据变更测量获取的数据，经审查确权后，标

注于分丘图上，做出权属变更记录和房地产编号调整记录，相应修正分幅图，重新绘制分户图。对于和房产有关的地形要素的变化，只需要对分幅图进行修正，做出变更测量记录即可。对于已建立数字房产图的单位，可以根据当前的软硬件配置，以变更后的房产数据为依托进行图形的编辑、注记、修改分幅图，在分幅图的基础上可派生出分丘图。

2. 档案的处理

根据权属变更档案和变更测量记录，对已建立的房产登记档案进行变更和补充；房产变更产生的图件、文件证明材料以及变更测量记录等应按丘归入档案；丘界线的调整、房产编号调整记录和面积增减变化等资料也须归入相应的档案内。对于已建立数字化系统的单位，也要对存储于磁盘或是光盘内的档案资料进行处理。

3. 卡片的处理

根据变更测量记录，对房产卡进行修正或重新制卡、注销卡片。若修正卡片时涉及房产资料统计分类面积的变动，需做改卡记录以作为面积增减变化的原始凭证；若涉及房屋产权人和用户的改变，需对已建的人名索引卡做更改；若涉及地名、门牌号的变动，还需对已建的地名索引卡做更改。其中，图形位置和与房产有关的地形要素的变化，不必修正卡片。

4. 簿册的处理

根据房产登记、发证成果和分类管理的需要，编制的簿册主要有登记收件簿、发证记录簿、房屋总册、房产登记簿册、档案清册、房产交易清册等。此外，还包括产业管理上需要的经营公房手册、异动名账、异动单和统计报表等。以上各种簿册在房产发生变更时应做出相应的变更，其中，权属变更需根据相对性变更档案和有关凭证，现状变更要依据变更单或异动单。

（二）未登记、未结案房产资料的处理

未登记项（房产没有进行登记）主要指：不能如期申请登记；因产权纠纷不能申请登记；产权证件、证明不全不能登记；房屋即将拆迁不愿登记；无主房屋无人登记。未结案项（因为房产登记过程遇到问题未能完成登记）主要指：发证前有他人对已登记房产提出异议，暂缓确认；过去未办过登记，需补办登记后再确认；房屋私改遗留下来的疑难问题，不能确立的房产。

未登记、未结案的房产资料的处理主要包括四个方面。①初步调查资料的整理：房产调查和登记表、权界示意图、面积计算表等，为了满足房产资料统计和确权的需要应对之进行收集整理。②测量数据的整理：如房产现状变更，需更改分幅图，做出变更记录。③对此类房产进行补登记或后续结案时，需进行复查，发证后对未登记、未结案清册和现状图及时进行销号或注记。④此类房产应分开制卡，分别进行统计、校核后，也要以丘号为单位建立档案或另行建立未登记档案，作为产权登记或监理部门日常处理产权和监证的重要资料。

## 【项目学习小结】

本项目首先对变更测量做了解释，详细介绍了房产变更测量的内容，房产变更测量的操作流程以及工作要求；重点介绍了房产变更调查的内容以及方法、房产变更测量的方法以及精度要求；总结了房产变更后资料的处理。通过本项目的学习，学生能够基本掌握房产变更测量的实施工作。

# 项目八　房产软件使用及数据库录入

## 学习目标

了解国内市场上主要的房产测绘软件，及其所要求配套的运行平台与数据库管理软件；熟悉房产测绘软件的各项功能；掌握房测之友 BMF（房屋面积测算及管理系统）软件的基本操作。

## 学习重点

房产测绘信息处理系统的功能结构、房产测绘软件简介、BMF 与 SQL Server 软件的基本使用。

## 第一节　房产软件简介

随着城市建设步伐的加快以及住房制度改革的深入，房产管理业务量迅速增加，各行各业对房产测绘与管理也提出了更高的要求。利用计算机技术、网络技术和现代通信技术等高新技术和产品，根据房产测绘与房产管理各职能业务日常办公的需要，建立适合房产测量、管理业务流程的电子平台，实现房产各项业务管理的规范化、现代化、科学化，从而提高效率、方便群众、实现信息共享。

### 一、房产软件功能

房产测量信息的本质是分布式的，具备自然特性与人文特性，不同部门对不同地区和类型的房地产测量信息各具不同的需求，因此，没有一款软件是能够通用的，但一款房产软件必须考虑到如下功能，有针对性地进行软件设计，如图 8-1 所示。

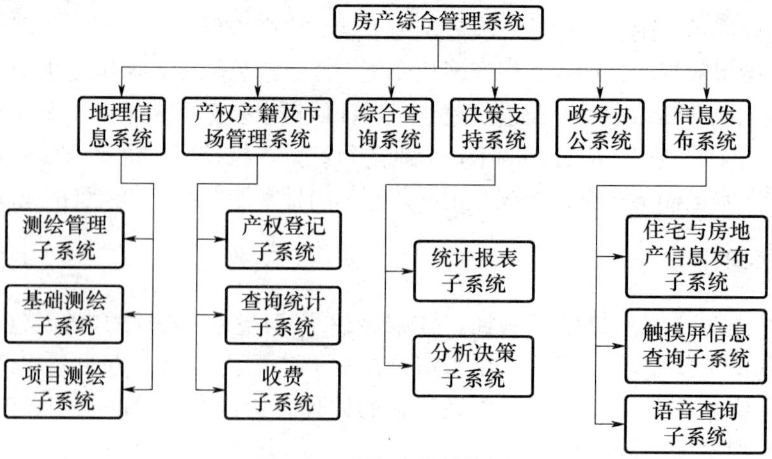


图 8-1　系统功能结构图

（一）地理信息系统

（1）测绘管理子系统：包括测绘业务管理与测绘市场管理，实现测绘业务办理及资料、文档、人员等的管理。

（2）基础测绘子系统：包括工程项目管理、控制点管理、数据维护与管理及制图输出等模块。通过使用各种测绘仪器，采集房地产测绘点坐标，绘制包括地产属性的分幅分丘图、录入房屋勘测属性数据、填写房屋调查信息。提供强大的编辑功能，如图形编辑、属性编辑、捕捉功能及数据导入导出等，实现了全数字化的基础测绘。

（3）项目测绘子系统：包括房屋信息管理、图形编辑、面积计算等模块。可实现房产测绘面积计算、分摊处理、分层分户图及各类面积表格的输出。它根据房产项目测绘勘丈数据，在编辑绘制房屋分层分户图的同时，通过定义户室和公共区域、智能生成半墙等功能，自动合理分摊，并可对数据结果进行有效的管理和利用。

（二）产权产籍及市场管理系统

对房屋的产权从登记、建立、预警、变更、注销、转移、转让到归档的整个流程进行计算机化管理，实现登记、查询、统计、打印、发证等功能。

（三）综合查询系统

该系统可进行房屋产权库信息、房屋分幅分丘数据、房屋分层分户数据以及房屋产权产籍电子档案数据等各类信息的综合查询检索，能实现图形与属性的互查、结果输出等功能。

（四）决策支持系统

（1）统计报表子系统：即在查询检索的基础上，根据特定条件进行统计，并出具统计结果，包括报表、饼图、直方图、图形等形式。

（2）分析决策子系统：包括房屋产权信息分析、房地产拆迁分析、道路拓宽分析、房地产价格评估分析等模块。在房产数据、城规数据、地理数据等支持下，利用模糊数学、概率统计、系统工程等数学方法，建立各类分析决策模型，从而为城市房地产建设提供决策依据。

（五）政务办公系统

该系统包括公文管理、车辆管理、会议管理、档案管理、新房管理、个人服务等功能。它是政府机关的日常事务管理应用系统，实现本单位与上下级单位之间的公文运转、信息交流和信息共享。

（六）信息发布系统

该系统包括新闻中心、政府在线、数字地图、产品发布、楼市楼盘、交易市场、电子信访等栏目。它用于向市民发布有关房产方面的政策法规、办事流程、行业动态等相关信息，展示房产部门的工作成果，提供政府与市民的交互平台。

## 二、房产软件介绍

目前，在国内市场上有许多较为成熟的房产测绘软件，其中应用较广泛的有南方测绘仪器公司的“房测之友 BMF”、广州开思的“房测三友”、上海亿图测绘软件公司的“eMapSM”、北京超图软件股份有限公司的“SuperMap Floor”、浙江奥维智能系统集成有限公司的“东奥房产测绘师”、湖南华信软件股份有限公司的“EPCAD”、北京威远图易数字科技有限公司的“CitoRS”、贵州开拓未来软件公司的“KTHOUSE 房产测绘系统”，以及各个房产部门自主开发的各类房产测绘软件。这些软件均可按照房产测量规范的要求进行面积分摊、图件绘制，并按要求生成相应的报表及相关的技术报告。不同地区房产部门采用的软件各异，本项目以“房测之友 BMF”为例，简要介绍其功能及使用。

“房测之友 BMF”以具有强大图形编辑处理功能的 AutoCAD 作为底层平台，以大型关系数据库 SQL Server 或 Oracle 进行数据管理，利用 Visual C＋＋集成开发环境和 Object ARX 2002 SDK 作为开发工具，是一套集房产测绘工程管理、房产信息采集、房产图形绘制、房屋面积分摊计算及相关统计查询和报表制作等功能于一体的专业房产测绘软件。本项目介绍的是房测之友 BMF 2008 版本，搭配平台为 AutoCAD 2006 与数据库 SQL Sever 2000。

## 第二节　房产测量数据库的建立与录入

### 一、新建与还原数据库

(1) 从计算机的“开始”进入程序，选择 Microsoft SQL Server 下的“企业管理器”。在企业管理器中展开左边控制台根目录直至看到“数据库”项。

(2) 右键单击数据库，在快捷菜单中选择“新建数据库”，则弹出图 8-2 所示界面。

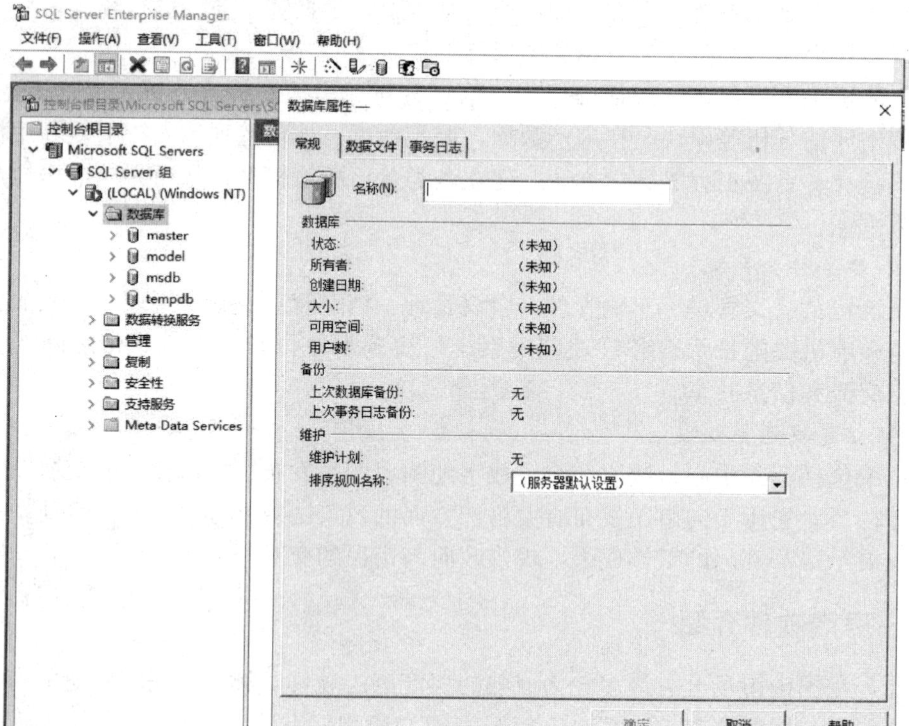


图 8-2　新建数据库

(3) 在图 8-2 所示界面中输入新建的数据库名，如 bmf，单击“确定”，则将在左边出现新的数据库 bmf。这时，默认在 SQL 安装路径如“C：\Program Files（x86）\Microsoft SQL Server\MSSQL\Data”下产生两个文件，一个数据库文件，一个数据库日志文件，如 BMF. mdf 和 bmf _ log. ldf 文件。选中数据库 bmf，右键单击，选择快捷菜单中的所有任务，还原数据库，然后弹出图 8-3 所示窗口。

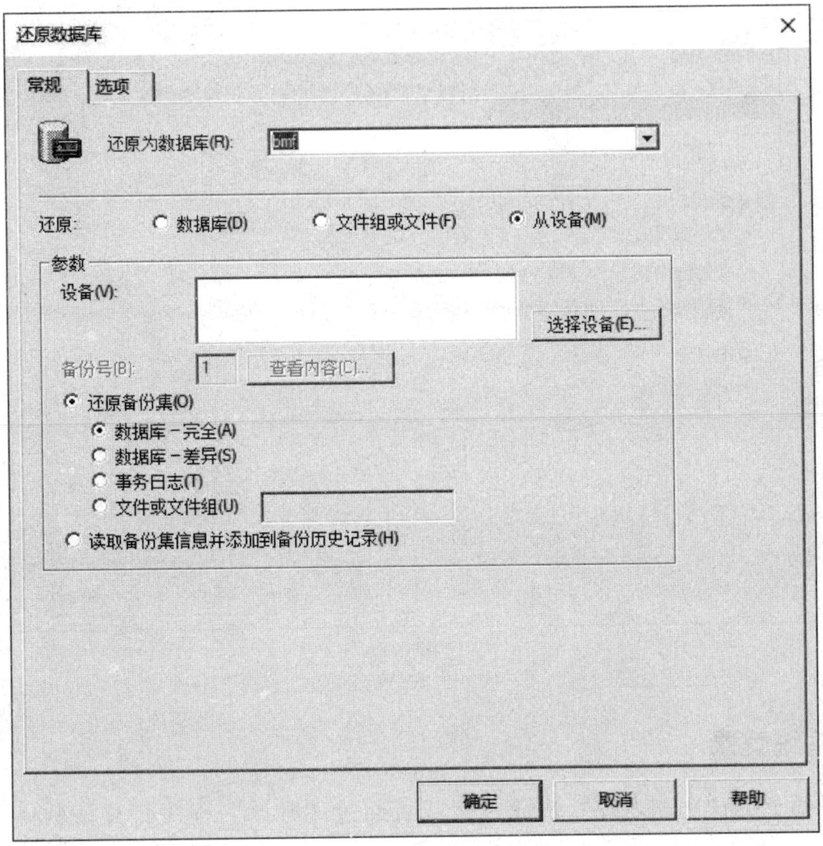


图 8-3　还原数据库（一）

(4) 在图 8-3 所示窗口中选择“从设备”按钮，然后单击“选择设备”，在弹出的窗口中选择“添加”，在新弹出来的“选择还原目的”窗口中，单击后面的按钮找到房测之友软件 BMF 提供的数据库文件，单击“确定”（如果是初始用户，选择的文件就是 BMF 的空库文件；如果是非初始用户，那么就选择以前使用的 BMF 数据库备份出来的数据库文件）。

将图 8-3 切换到“选项”选项卡，选中“在现有数据库上强制还原”选项。在“将数据库文件还原为”处，单击“从媒体读取”，选择步骤（3）中新建的数据库文件所对应的路径，如 C：\Program Files（x86）\Microsoft SQL Server\MSSQL\Data，然后单击“确定”即可，如图 8-4 所示。

最后单击“确定”则完成数据库的新建和还原。

注意：必须完成这一步，才可以使用房测之友 BMF 软件全部功能。

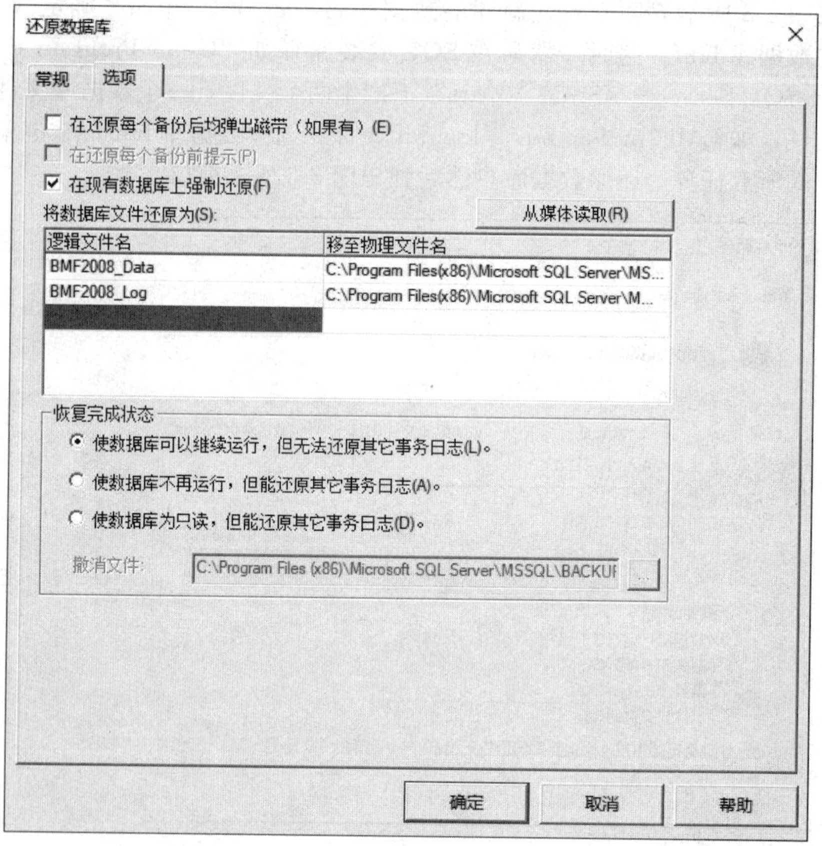

图 8-4　还原数据库（二）

## 二、系统登录

单击桌面上的“房测之友”快捷方式或者通过“开始”程序打开该软件，如图 8-5 所示。

图 8-5　登录窗口

注意：只要弹出了这个登录窗口，证明软件已经可以正常使用。

当系统第一次打开的时候，单击“配置”，出现图 8-6 所示窗口，进行相关的数据库参数设置，才能够正确登录到该系统的数据库中。

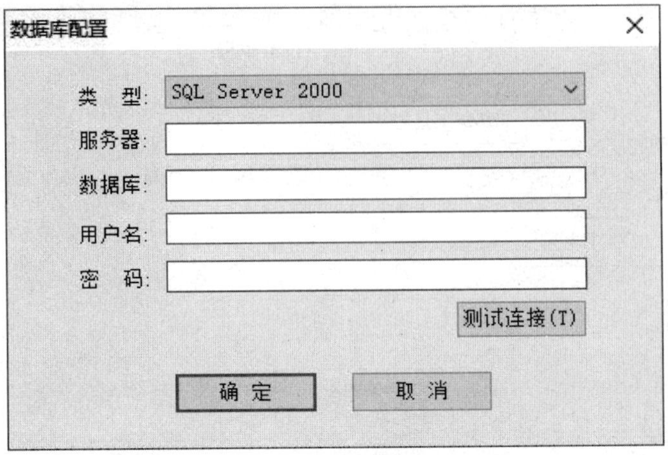


图 8-6 “数据库配置”窗口

在图 8-6 所示窗口中，选择数据库类型，然后输入 SQL Server 服务器的名称（单机版服务器名称为计算机名）、房测之友 BMF 数据库的名称（上面步骤中新建的 bmf）、SQL 数据库的管理员用户名（一般为 sa）及其密码（一般为 sa）。最后单击“测试连接”，提示连接成功，如图 8-7 所示，单击“确定”，回到登录界面，单击“登录”即可。

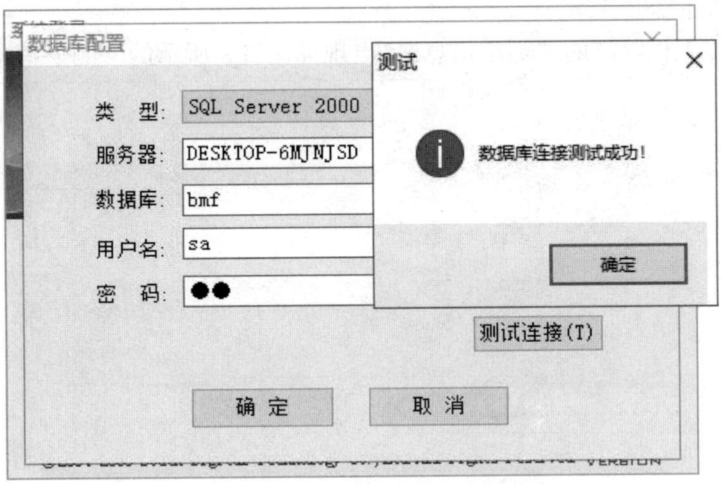


图 8-7 数据库连接测试

## 三、软件界面

房测之友 BMF 2008 操作界面如图 8-8 所示，系统的所有命令和 AutoCAD 的编辑命令都在顶部的下拉菜单中，例如文件管理、编辑、面积、成果等。

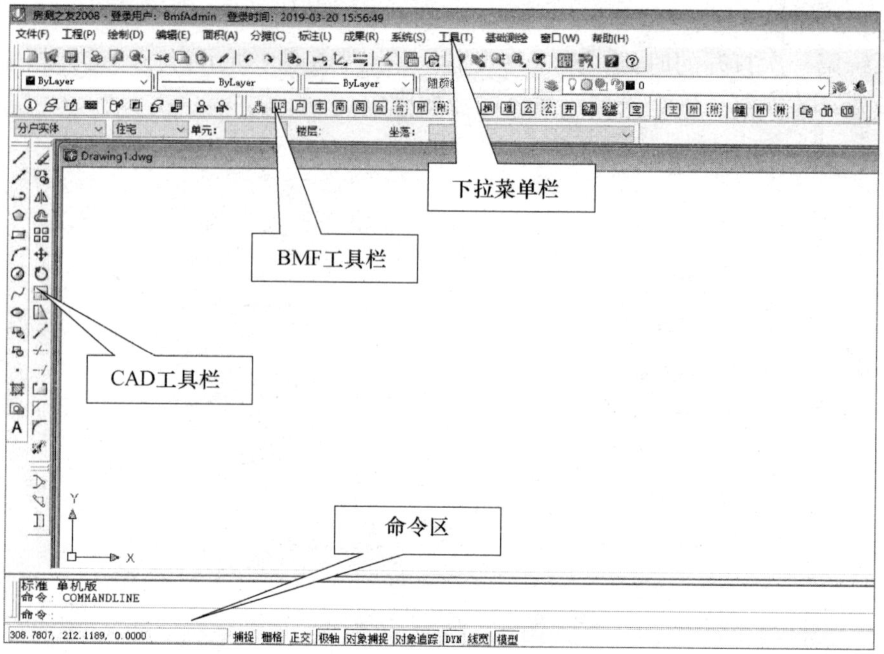


图 8-8　系统界面图

## 四、新建测绘信息

测绘信息包括项目信息、幢信息及楼层户室单元信息。项目可以包含一幢也可以是多幢。一般把测绘部门收取的一个委托案件设定为一个工程项目。

1. 新建项目信息

单击菜单“工程”下的“测绘信息”，出现如图 8-9 所示的“测绘信息”界面。

图 8-9　“测绘信息”界面

该窗口基本分为 3 个部分，上半部分以列表的形式列出数据库中所有的已存在的项目；中间部分显示某一个项目的详细信息；下面部分提供查询功能。

房产工程项目类型可以分为实测和预测。新建一项目信息也很简单，首先选择项目类型，然后单击“新建”(系统会自动根据数据库中的项目编号给新建项目创建一个编号)，接着填写项目编号、项目名称、委托方、项目坐落、委托方联系人、联系电话、创立日期等相关信息，最后单击“保存”按钮即可，如图 8-10 所示。

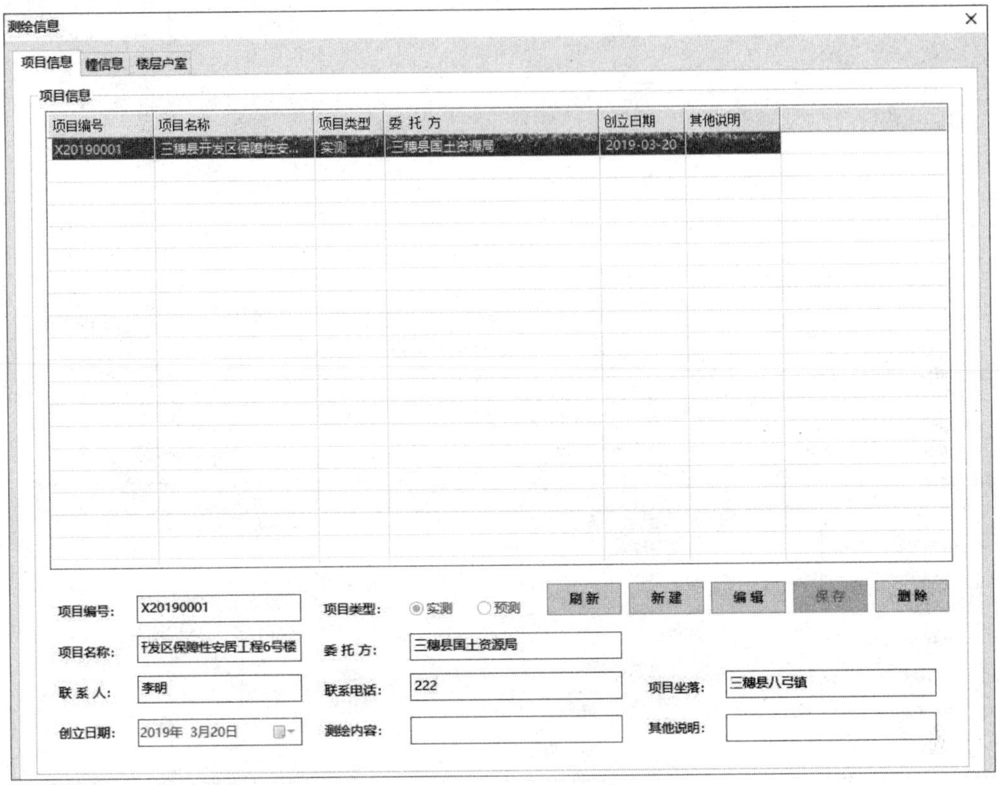


图 8-10　新建项目信息

2. 新建幢信息

在图 8-9 所示的窗口中，切换到“幢信息”选项卡，出现如图 8-11 所示的新建“幢信息”界面，窗口分为 4 部分：上部分以列表的形式显示所有建好的幢；左中部分显示某幢所在的丘信息；左下部分显示该幢信息，右中部分显示该幢的标准信息图。

新建幢基本信息方法如下：单击“新建幢”按钮，然后填写完所有的幢信息，如坐落、楼层、结构等，最后单击“保存幢”即可。其中幢编号是不允许输入的，会根据系统数据库中最大编号自动给出。当幢信息中输入了地上和地下楼层数、单元数，那么系统会自动把楼层信息和单元信息在楼层户室窗口中建好。如果忘记了输入单元数，也可以直接在楼层户室页面新建单元。

在这里，一定要注意的是，对于商品房的面积分摊计算，在“幢类型”下拉菜单中必须选择“商品房”。

当建好幢信息后，就需要新建幢图纸。

操作方法：在编辑幢的状态下，在标准信息图的窗口中输入图纸的比例尺（系统默认为 1：200），然后单击“新建”按钮，则在幢信息窗口的右下角部分出现一条图纸的记录。在标准信息图窗口中，选中某一图纸记录，然后单击“编辑”按钮，则可以打开这幅图进行图形绘制和编辑。除了可以新建图纸外，还可以单击“添加”按钮，将以前已经存在的 CAD 格式的白纸图或者建筑图添加为幢的标准信息图。

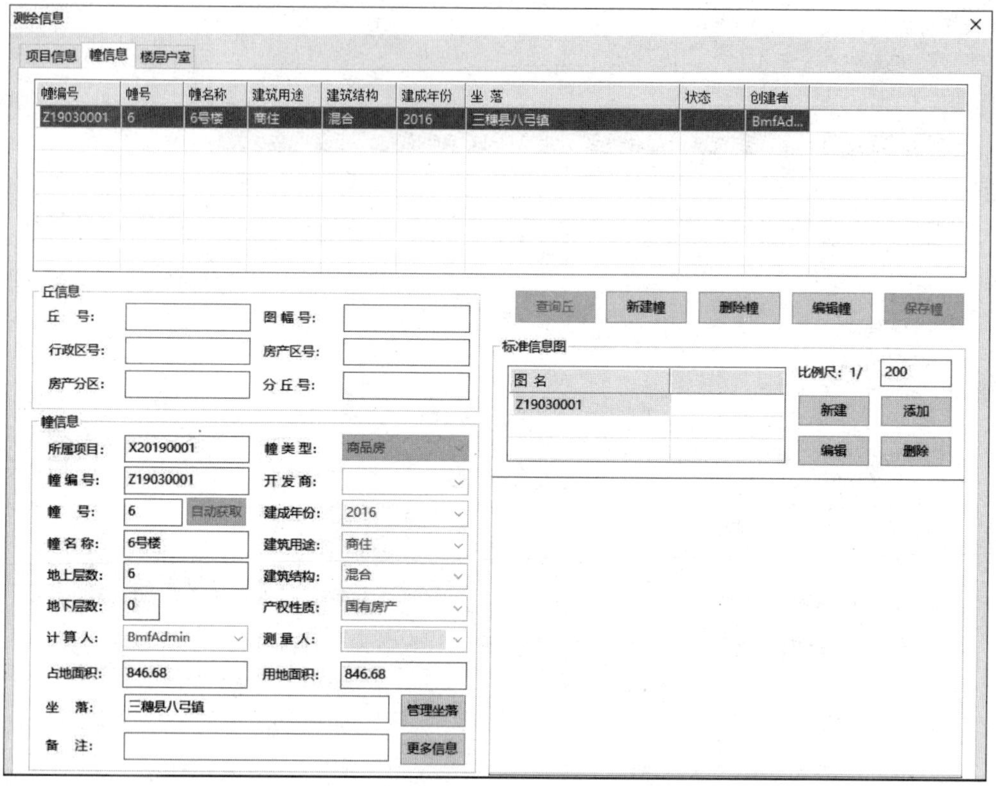

图 8-11　新建幢信息

需要注意的一点是，图纸的比例尺是用来定标注文字的大小的，与最后生成分户图等成果图的比例尺是没有关系的。

3. 新建楼层单元信息

在图 8-9 所示窗口中，切换到“楼层户室”选项卡，出现如图 8-12 所示的楼层户室单元信息界面。

该窗口分为 3 个部分，左上部分显示楼层信息，右上部分显示单元信息，下半部分显示户室信息。

新建幢信息的时候，如果填写了幢的楼层数和单元数，那么这里的楼层信息和单元信息会自动建好。在户室信息窗口，选中某一户室，即可对户室的属性如权名称、坐落、房屋用途等进行编辑修改。

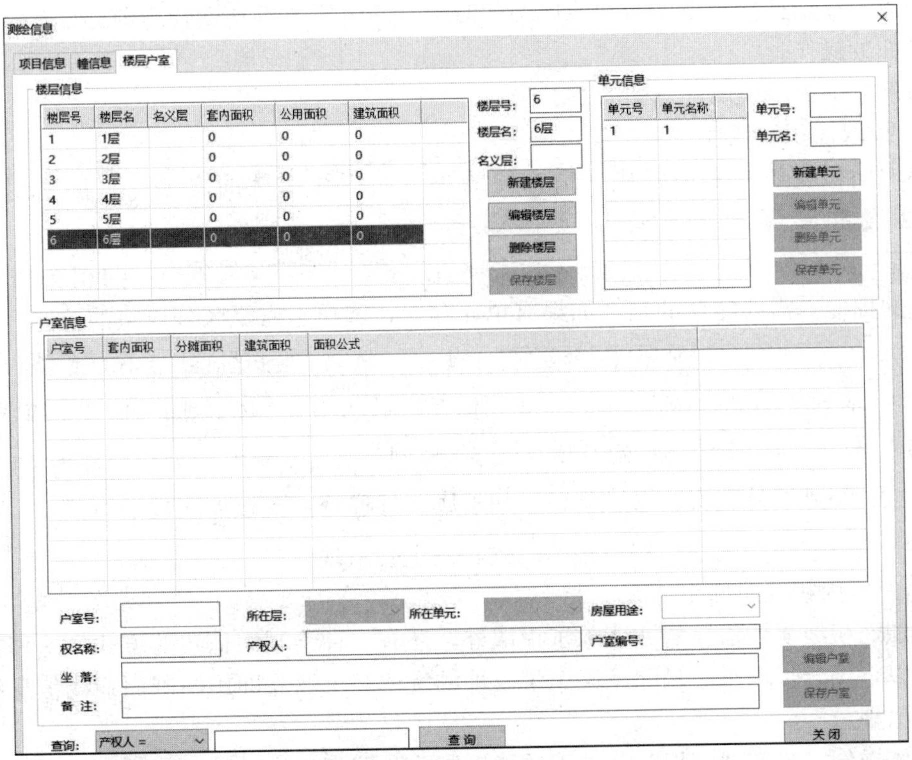


图 8-12　楼层户室

## 五、商品房面积分摊计算

1. 设置当前楼层

单击菜单“面积”下的“设置当前楼层”或者工具条上的，弹出如图 8-13 所示的窗口，在该窗口中可以设置当前添加属性的图形是哪个楼层的。

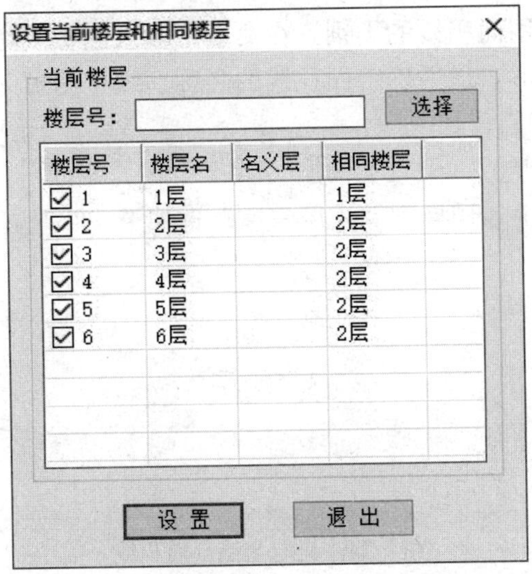


图 8-13　设置当前楼层和相同楼层窗口

注意：在切换楼层添加面积线属性的时候，一定要先重新设置当前楼层，否则就会影响后面的操作。

（1）添加面积线属性（图 8-14）

① 提取面积线属性。

提取面积线属性是最常用、最方便的添加面积线属性的方法。直接利用工具条  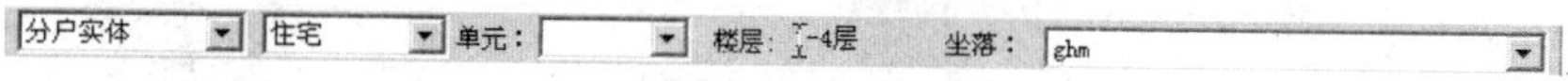 上的相关按钮进行面积线的提取。需要注意的是，如果有单元存在，客户也需要区分户室的单元，就必须在软件左下角  处选择好单元。 提取出来对应的实体都为主实体和附属实体，即非公用实体； 提取出来对应的实体都为公用实体。

注意：当外墙外有实体（非阳台）如外廊、外梯等需要添加属性的时候，一定要用  和  来提取。否则在面积检核的时候，一定会出现错误提示。

② 绘制面积线属性。

添加面积线属性信息的方法除了提取外，还有一种绘制面积线的方式。这种方式经常用于以下场合：不小心删除了某个带属性的实体，可以立即用绘制面积线信息将该实体绘制出来。

具体操作：单击“面积”菜单下的“绘制非公用面积线”，命令行提示如下：

请选择面积线类别[普通面积线(0)/分户实体(1)/封闭阳台(2)/未封闭阳台(3)/车库(25)/附属车库(26)/阁楼(27)/商铺(29)/办公(36)/附属(38)/半算附属(39)]<1>：

选择你要绘制的非公用面积线的类别，在命令行输入面积线类别后面的数字，然后根据命令行的提示绘制图形，最后确定面积线的名称、编号即可。单击“面积”菜单下的“绘制公用面积线”，命令行提示如下：

请选择面积线类别[内梯(4)/外梯(5)/墙中(6)/外墙(7)/公用(8)/半算公用(9)/过道(11)/电梯(12)/墙外公用(40)/半算墙外公用(41)/天井(97)]<1>：

选择你要绘制的公用面积线的类别，在命令行输入面积线类别后面的数字，然后根据命令行的提示绘制图形，最后确定面积线的名称、编号即可。

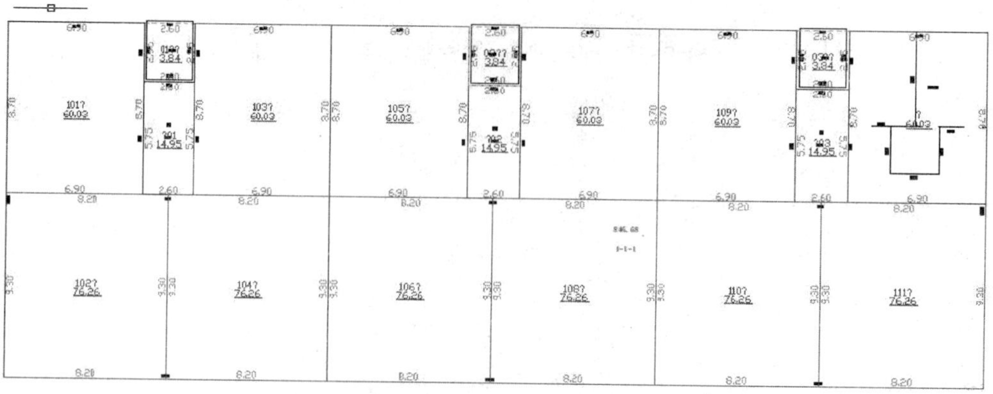

图 8-14　提取与绘制面积线

③ 编辑面积线属性。

编辑面积线属性主要是指定面积线的基本信息（如面积线名称、权重、编号、类型等）及一些附属信息（如所在楼层、所在单元、所在功能区、所在共用区等）。

操作方法：单击“面积”菜单下的“编辑面积线信息”或者工具条中的快捷按钮，则弹出面积线信息窗口，如图 8-15 所示。

单击该窗口中左下角的按钮并选择图形的一条边，单击图形的中间以选中面积线，这时面积线的一些基本信息，如所在楼层、面积线类型、面积权等将全部显示到该窗口中，如图 8-15 所示。在这里，可以对实体的名称、面积权、坐落等一些基本信息进行修改。修改完后，单击“保存”即可。

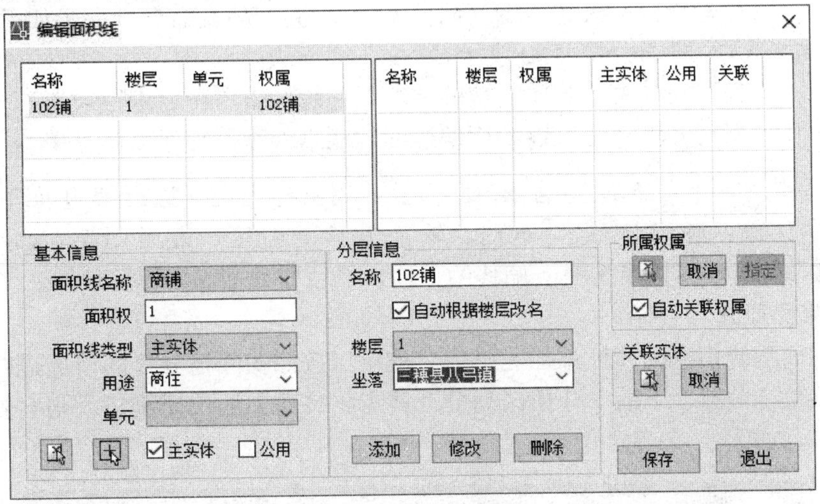


图 8-15　编辑面积线

④ 查看面积线信息。

选中某个实体后，单击菜单“面积”下的“查看面积线信息”，或者直接单击鼠标右键，在弹出的快捷菜单中单击“查看面积线信息”，弹出如图 8-16 所示的窗口。

在该窗口中将面积线的信息如编号、实体面积、面积权、套内面积、建筑面积、分摊面积等全部显示出来。

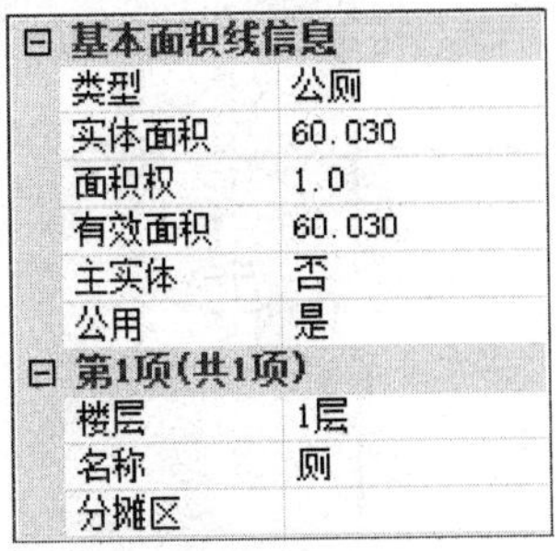


图 8-16　面积线属性信息窗口

⑤ 清除面积线信息。

首先将“系统”菜单下的“系统配置”处“系统设置”页面下的“删除时直接删除实体对应的数据库记录，删除后不回退”勾选上。这时，只要单击菜单“面积”下的“清除面积线信息”，则在命令行提示如：

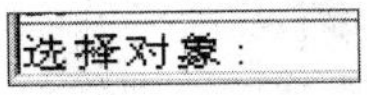


。这时，用鼠标去图上选择需要清除的面积线，最后回车，系统自动将该面积线的图形信息如标注等全部在图上删除掉了，而数据库中的记录，暂时还放在冗余信息这个回收站中。如果觉得删除错了，可以立刻执行回退操作，恢复删除前的状态。如果一定要删除，则需要执行一次“分摊”菜单下的“清除冗余信息”，将数据库中的所有冗余记录删除掉。

（2）生成墙体

在商品房的面积分摊计算中，根据《房产测量规范》，只有半外墙是公共面积，用来分摊。而我们开始绘制的房产标准信息图，都是绘制实体的墙中线，所以在分摊前，还需要生成半外墙。在该系统中，生成墙体的方式非常简单，具体操作如下：

单击菜单“面积”下的“生成墙体”，命令行会提示如下：

墙体生成完毕！

此时，用鼠标去框选需要建墙的实体，如果多选了，请输入 R，回车，将多余的实体去掉。这时，输入回车，命令行即提示如下：

正在生成外墙！

注意，你可以选择分段去建外墙（墙体不等厚的时候），命令行提示如下：

分段指定半墙宽<S>/输入半墙宽<0.1350>：

也可以一次性去建外墙（等厚半墙的宽度在系统配置中可以进行设置）。

除了采用分段建外墙，还可以利用偏边的功能来处理不等厚墙体。单击工具条中的，命令行提示如下：**选择复合线上一边**：，用鼠标去选择进行偏边处理的复合线，命令行提示：**输入偏移宽度**：，这时，输入偏移的宽度，最后回车，命令行提示：**选择方向**：，这时用鼠标单击一下偏移的方向，最后即处理完不等厚墙体。

2. 分摊区划分

所有的面积线信息的属性添加完毕后，就可以按照实际幢分摊的情况进行分摊区划分。单击菜单“分摊”下的“分摊区划分”或者工具条上的快捷按钮，则会弹出分摊区划分的窗口，如图 8-17 所示。

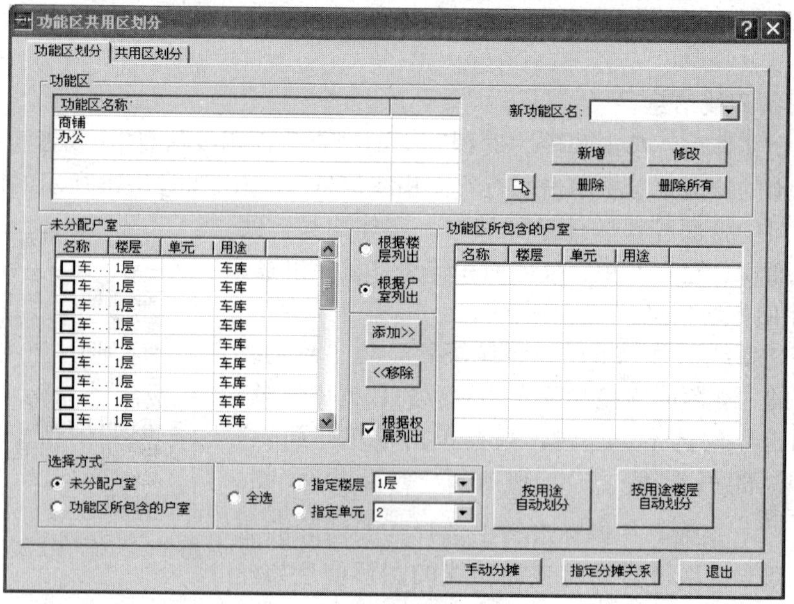


图 8-17　分摊区划分窗口

① 功能区划分

将具有相同分摊属性的一组主实体（分户实体、阳台、车库、阁楼等）定义为一个功能区（与实体是否在同一幅 DWG 图上没有任何关系）。软件的功能区划分比较随意灵活，不局限于所有实体是否在同一楼层等条件。

在如图 8-17 所示的窗口中，在功能区划分窗口的上半部分，显示的是所有功能区的信息列表；中间部分显示的是未分配户室和功能区所含户室的信息；下半部分列出各种方便的选择方式。

② 共用区划分

将具有相同分摊属性的一组共用的实体（墙体、楼梯、走廊、过道等）定义为一个共用区（与实体是否在同一幅图上没有任何关系）。软件的共用区划分比较随意灵活，不局限于所有实体是否在同一楼层等条件。

操作方法：在图 8-17 所示窗口中，切换到“共用区划分”选项卡，则会出现共用区划分的窗口，如图 8-18 所示。

在共用区划分窗口的上半部分，显示的是所有共用区的信息列表；中间部分显示的是未分配公共面积和共用区所包含公共面积的信息；下半部分列出各种方便的选择方式。

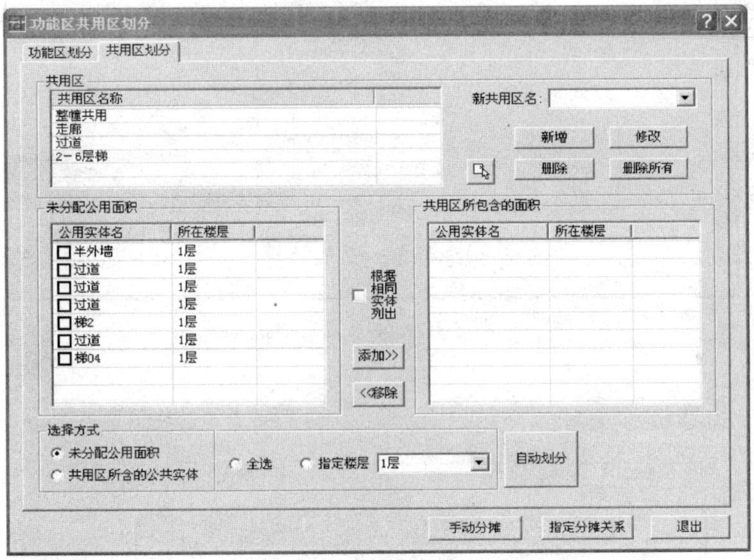


图 8-18　共用区划分窗口

3. 分摊关系指定

① 常用分摊关系指定

当将所有的实体分配好功能区和共用区之后，就可以指定分摊关系。通俗地讲，就是要指定哪个共用区是分摊到哪几个功能区上，也就是创建分摊关系树的过程。房测之友可以实现无限级别的交叉分摊、比例分摊等各种复杂的面积分摊。操作方法：单击菜单“分摊”下的“分摊关系指定”或者工具条上的快捷按钮，则会弹出分摊关系指定的对话框，如图 8-19 所示。

在该窗口中的左边显示分摊关系树；右边分别显示前面所划分的共用区和功能区；中间显示一些工具按钮。

② 比例分摊关系指定

首先按照前面所讲的操作方法将面积线属性全部添加完，然后进行分摊区即功能区和共用区的划分，这里需要特别注意的是，要将进行比例分摊的共有实体单独划分为一个共有区，将进行比例分摊的分户实体划分为不同的功能区。如某住宅共用的楼梯，要按照比例 0.1 : 0.9 划分给第一单元和第二单元的户室。这种情况下就需要划分成第一单元和第二单元 2 个功能区，把住宅楼梯划分成一个共用区。

单击菜单“分摊”下的“分摊关系指定”，选定一个共用区（它下面有多个功能区），然后在其界面中单击“设置比例分摊”，出现如图 8-20 所示的窗口。

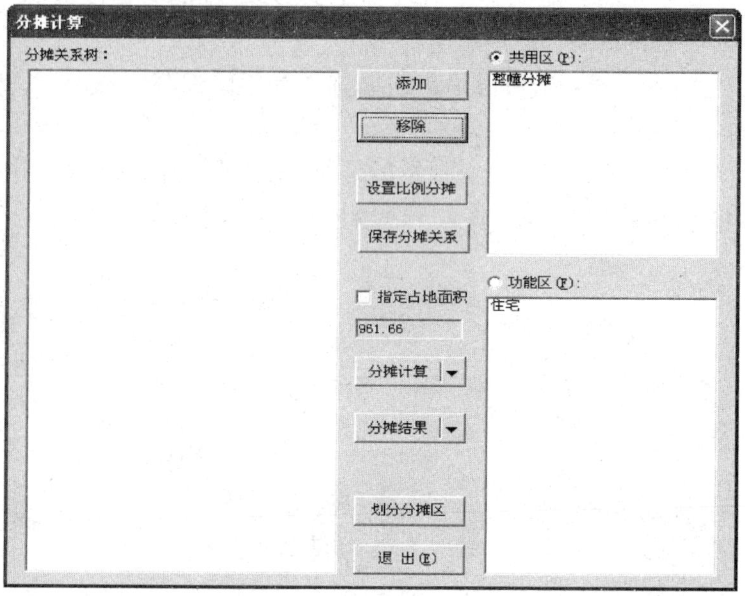


图 8-19　分摊关系指定

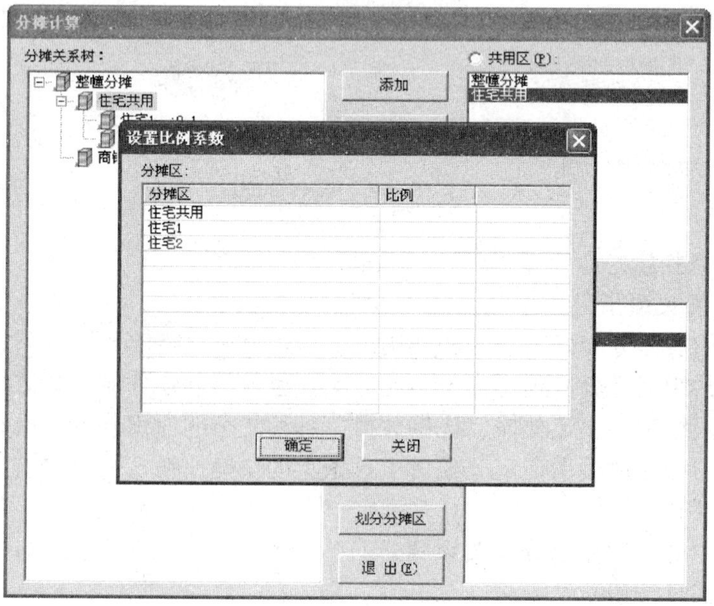


图 8-20　比例分摊设置窗口

在需要设置比例分摊的共用区后，输入分摊比例，如图 8-21 所示。

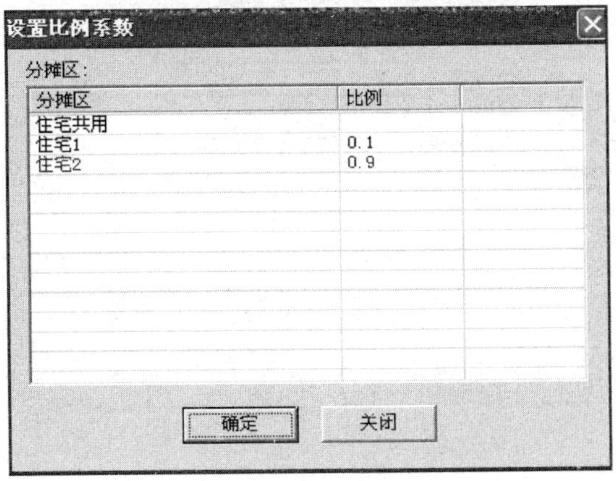


图 8-21　输入分摊比例

单击“确定”，回到分摊关系树划分的窗口，如图 8-22 所示（这时比例分摊即可实现）。

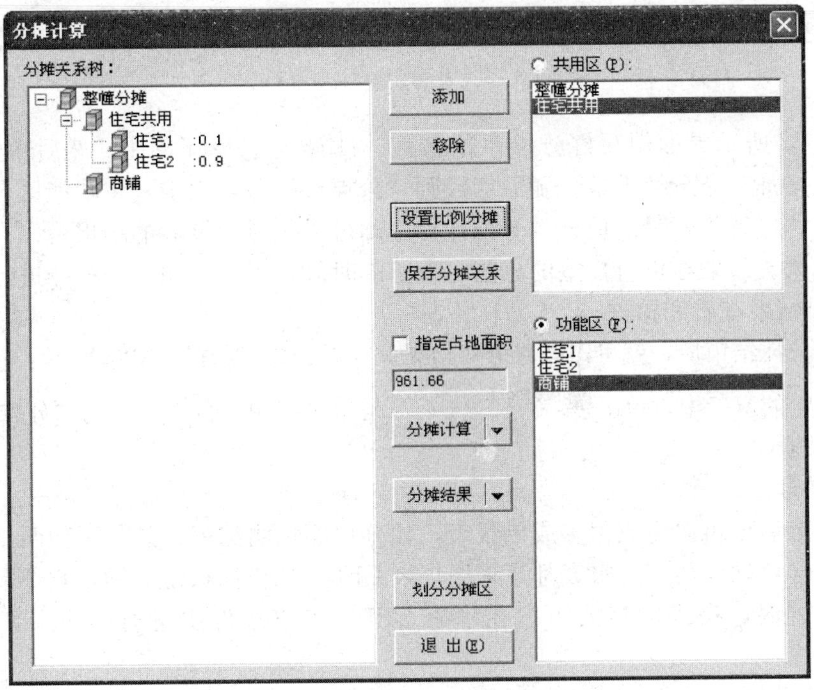


图 8-22　分摊关系树划分窗口

4. 分摊计算

① 自动分摊计算

系统可以自动进行无限级别的面积分摊计算。不管你的楼层户室或者图形有多少，只要单击软件的“分摊计算”，则在短时间内，系统自动会将面积分摊结束。

② 手动分摊计算

在分摊区划分界面单击“手动分摊”，会弹出如图 8-23 所示的窗口。

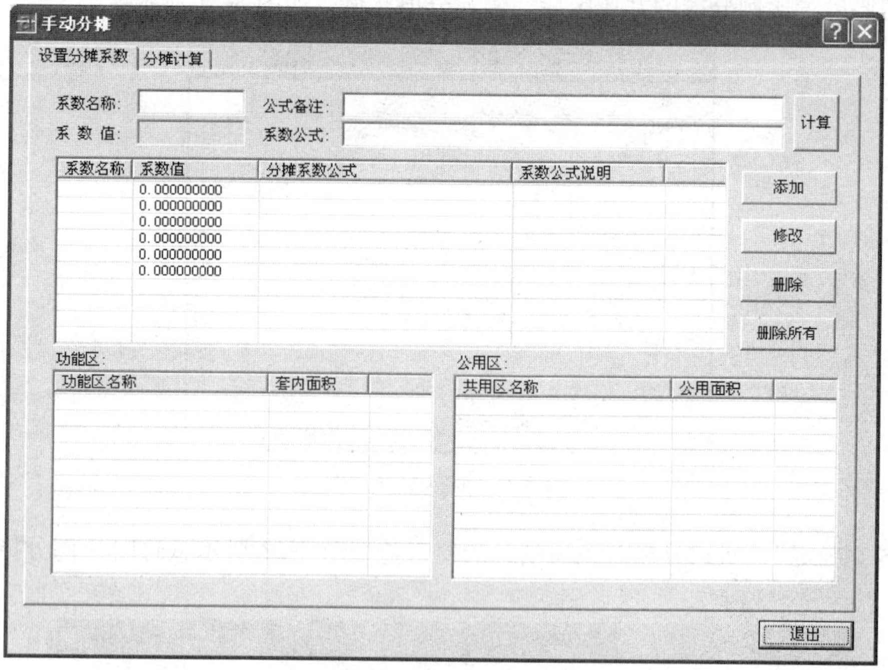


图 8-23　手动分摊计算窗口

在图 8-23 所示界面填写好分摊系数名称、计算公式及其备注，然后单击“添加”按钮就可以增加一条分摊系数。随后切换到“分摊计算”选项卡，将功能区名称后面的分摊系数名称设置好，最后单击“分摊计算”即可。分摊计算后的结果可以在下面的窗口中显示出来。一般在进行户室的分割与合并的时候，可以应用手动分摊进行操作。

5. 分摊结果查看和检查

当面积分摊结束后，就可以查看分摊结果。查看分摊结果的方式有两种：一是直接在分摊关系指定的窗口中，单击

；二是单击菜单“分摊”下的“分摊查看”。

6. 成果输出

① 报表输出

分摊结束后，可以生成很多成果报表，如分户面积明细表、公共面积明细表、幢分摊说明表等。该软件所有的报表都是采用华表 CELL 表格模板定义的，它不局限报表纸张大小等。同时，报表的格式可以在华表 CELL 表格组件中进行自定义，灵活性非常强。

② 图形输出

系统可以生成众多的房产成果图，如分幅图、分丘图、幢图、分户图、分层图、分层分户图等，在这里需要提前说明的是：图形模板的 DWG 文件必须放在 tempaltes 文件夹下，同时分户图、分层分户图的模板文件名必须为“标准图形模板”。其中，分户图的 layouts 文件名必须含有“分户”两个字；分层图的 layouts 文件名必须含有“分层”两个字；如果是幢图，就必须含有“幢图”两个字。

7. 冗余信息清除

当数据库中的图形和数据信息不一一对应时，如数据库中的数据记录还在，而在图形中已经没有对应的图形了，在这种时候，肯定会影响面积分摊计算结果。软件中设置的“清除冗余信息”功能，可以方便大家进行数据检查和冗余信息的处理。下面详细介绍一下操作方法：

单击菜单“分摊”下的“清除冗余信息”，在有冗余信息存在的情况下，则弹出如图 8-24 所示的对话框。如果没有冗余信息，则不会弹出上述窗口，只会在命令行给出提示。

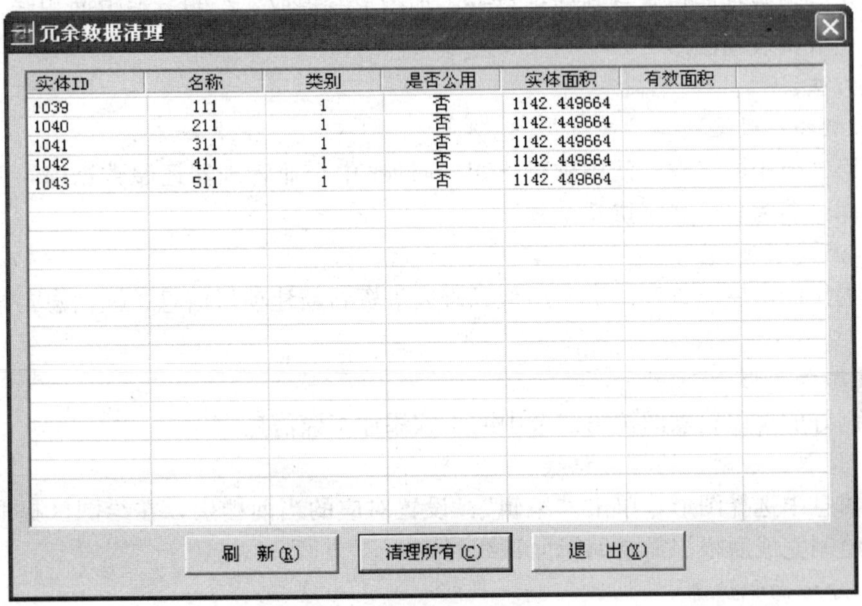


图 8-24　清除冗余信息窗口

# 项目任务　房测之友 BMF 2008 操作实训

## 一、小组成员及仪器设备安排

项目实施以个人为单位，完成本项工作任务，教师做好现场引导、检查和考核工作，项目任务内容见表 8-1。

**表 8-1　项目任务内容**

| 序号 | 项目任务内容 | 备注 |
| --- | --- | --- |
| 1 | 在 SQL Server 企业管理器中新建并还原数据库空库 | |
| 2 | 配置数据库并测试连接，登录熟悉软件界面 | |
| 3 | 新建项目信息、幢信息、楼层户室信息，添加标准信息图 | |
| 4 | 设置当前楼层提取与绘制面积线 | |
| 5 | 分摊面积计算与检核 | |
| 6 | 生成报表与平面图 | |

所需仪器设备：计算机、AutoCAD 2006、SQL Server 2000、房测之友 BMF 2008。

## 二、实施要求、步骤及方法

实施要求：使用提供的 BMF 2012 空库还原数据库并以自己名字拼音全称命名新建的数据库，完成各项项目信息的建立并导入对应的图形文件，进行分摊面积计算与报表导出。

实施步骤：数据库设置→新建项目→添加图形→提取、绘制、编辑面积线→分摊面积计算→生成报表与图形

实施方法：

### （一）数据库设置

按照第二节中的步骤，使用软件 SQL Server 中企业管理器还原数据库，要求将新建的数据库命名为自己名字拼音全称。

### （二）新建项目

根据提供的房屋调查表、房屋用地调查表等资料新建项目信息、幢信息与楼层户室信息。

### （三）添加图形

将绘制好的房屋轮廓图按第二节中的步骤添加至幢信息内。

### （四）提取、绘制、编辑面积线

在幢信息中选择图形，单击“编辑”，设置对应的当前楼层，在绘图区提取或绘制面积线，绘制完成后根据需要编辑面积线属性。

### （五）分摊面积计算

在分摊菜单栏里设置分摊区划分、指定分摊关系、进行分摊计算、查看分摊结果、分摊检查、面积检核、分摊公式自动生成。

### （六）生成报表与平面图

面积计算完成后，在成果菜单栏可输出报表与图形文件，要求输出 2 层分摊结果报表与 2 层分层分户图。

## 三、考核及评价

项目按照时间、质量、安全、文明四个方面要求进行考核。学生按照表 8-2 的要求进行自评和互评，教师进行总评，最终形成各组完成该项目的考核成绩。

**表 8-2　项目考核评价表**

学　　号：_______________项目实施时间及地点：__________________________________

姓　　名：_______________总　　分：___________________

| 序号 | 考核项目 | 考核内容及要求 | 评分标准 | 配分 | 学生自评 15% | 学生互评 25% | 教师考评 60% | 得分 |
|---|---|---|---|---|---|---|---|---|
| 1 | 时间要求 | 8 学时 | 超时倒扣分，10 分/学时 | 20 | | | | |

续表

| 序号 | 考核项目 | 考核内容及要求 | 评分标准 | 配分 | 学生自评15% | 学生互评25% | 教师考评60% | 得分 |
|---|---|---|---|---|---|---|---|---|
| 2 | 质量要求 | 项目信息完整 | 不能漏填错填，错填一处扣1分 | 20 | | | | |
| | | 面积线提取绘制及属性正确 | 面积线的类型不能设置错误，错误一处扣1分 | 30 | | | | |
| | | 分摊计算结果准确 | 1. 有计算结果但出错者，能在时间要求内改正不扣分，否则扣10分；<br>2. 没有计算结果扣20分 | 20 | | | | |
| | | 生成报表与图形 | 不能生成报表扣5分，不能生成图形扣5分 | 10 | | | | |
| 3 | 安全要求 | 遵守安全操作规程 | 不遵守酌情扣1～10分 | | | | | |
| 4 | 文明要求 | 遵守文明生产规则 | 不遵守酌情扣1～5分 | | | | | |

## 【项目学习小结】

本项目介绍了房产测绘软件的功能，介绍了市场上常见的几款房产测绘软件，并以房测之友 BMF 2008 为例介绍了软件的基本操作。通过对本项目的学习与实操训练，学生能进行软件的基本操作并对其他软件有一定的了解，在以后的工作中能举一反三，尽快学会就职单位所使用的房产测绘软件。

# 项目九　成果资料的检查与验收

### 学习目标

了解成果资料检查验收的目的和一般规定；熟悉应检查的各项内容及其评分标准。

### 学习重点

需要上交的资料、验收依据、检查验收项目内容及技术报告的编写。

## 第一节　房产测量成果的检查与验收

### 一、一般规定

1. 成果检查、验收制度

房产测量实行二级检查、一级验收制。一级检查为过程检查，在全面自检、互查的基础上，由作业组的专职或兼职检查人员承担；二级检查由施测单位的检查机构的专职检查人员在一级检查的基础上进行；最终验收应在二级检查合格后由任务的委托单位和房产主管机关组织实施。

2. 检查、验收中问题的登记和处理

各级检查、验收中发现的问题，必须做好记录并提出处理意见。

3. 检查、验收报告书

二级检查和验收工作完成后应分别写出检查、验收报告。

4. 上交成果资料

（1）房产测绘技术报告书；

（2）成果资料索引及说明；

（3）控制测量成果及点之记等相关资料；

（4）房屋及房屋用地调查表、界址点坐标成果表；

（5）图形数据成果和房产图件资料；

（6）技术总结；

（7）检查、验收报告。

### 二、检查验收的依据

（1）CH 1002—1995《测绘产品检查验收规定》；

（2）CH 1003—1995《测绘产品质量评定标准》；

（3）GB/T 17986.1—2000《房产测量规范　第1单元：房产测量规定》；

(4) GB/T 17986.2—2000《房产测量规范　第2单元：房产图图式》；

(5) GB 50180—2018《城市居住区规划设计标准》；

(6)《商品房销售面积计算及公用建筑面积分摊规则》(试行) 建设部建房〔1995〕517号；

(7)《关于房屋建筑面积计算与房屋权属登记有关问题的通知》建设部建住房〔2002〕74号；

(8)《关于认真贯彻执行〈房产测量规范〉加强房产测绘管理的通知》建设部建住房〔2000〕166号；

(9) 项目设计书。

## 三、检查验收项目及内容

1. 控制测量

(1) 控制测量网的布设和标志埋设是否符合要求；

(2) 各种观测记录和计算是否正确；

(3) 各类控制点的测定方法、扩展次数及各种限差、成果精度是否符合要求；

(4) 起算数据和计算方法是否正确，平差的成果精度是否满足要求；

(5) 提交资料是否完整。

2. 房产调查

(1) 房产要素调查的内容与填写是否齐全、正确；

(2) 调查表中的用地略图和房屋权属界线示意图上的用地范围线、房屋权属界线、房屋四面墙体归属，以及有关说明、符号与房产图上是否一致。

3. 房产要素测量

(1) 房产要素测量的测量方法、记录和计算是否正确；

(2) 各项限差和成果精度是否符合要求；

(3) 测量的要素是否齐全、准确，对有关地物的取舍是否合理。

4. 房产图的绘制

(1) 房产图的比例尺是否满足要求；

(2) 房产图的规格尺寸、技术要求、表述内容、图廓整饰等是否符合要求；

(3) 房产要素的表述是否齐全、正确，是否符合要求；

(4) 对有关地形要素的取舍是否合理；

(5) 图面精度和图边处理是否符合要求。

5. 面积测算

(1) 房产面积的计算方法是否正确，精度是否符合要求；

(2) 用地面积的测算是否正确，精度是否符合要求；

(3) 共有共用面积的测定和分摊计算是否合理。

6. 变更与修测成果的检查

(1) 变更与修测的方法，测量基准、测绘精度等是否符合要求；

(2) 变更与修测后房地产要素编号的调整与处理是否正确。

## 四、成果质量的评定

1. 范围

本标准规定了房产测绘产品质量评定标准的基本要求、方法及单位产品缺陷分类。

本标准适用于按国家标准生产的房产测绘产品的质量评定。

2. 引用标准

GB/T 17986.1—2000《房产测量规范　第 1 单元：房产测量规定》；

GB/T 17986.2—2000《房产测量规范　第 2 单元：房产图图式》；

CH 1002—1995《测绘产品检查验收规定》；

CH 1003—1995《测绘产品质量评定标准》。

3. 术语

（1）样本

在检验批中抽取用于检验的单位产品的全体。

（2）简单的随机抽样

从单位生产的产品中随机抽取样本。

（3）质量元素

质量是产品满足用户要求和使用目的的基本特性。将其与测绘产品结合起来，可以归纳成技术性能、技术指标、外观整饰等质量特点，称为质量元素。

（4）详查

对样本进行的全面检查。

（5）概查

根据样本中出现的影响产品质量的缺陷，对样本以外的，影响产品质量的重要质量元素和带倾向性的问题所作检查。

（6）严重缺陷

单位产品的重要质量元素不符合规定，或者单位产品的质量元素极严重不符合规定，以至不经返修或处理不能提供给用户使用。

（7）重缺陷

单位产品的重要质量元素不符合规定，或者单位产品的质量元素严重不符合规定，对用户使用有重大影响。

（8）轻缺陷

单位产品的一般质量元素不符合规定，或者单位产品的质量元素不符合规定，对用户使用有轻微影响。

（9）缺陷值

按照缺陷等级而规定的分值。

4. 质量评定标准

① 缺陷扣分标准

重缺陷的缺陷值为 12 分。

轻缺陷的缺陷值为 1 分。

② 单位产品质量评定

采用百分制表征单位产品的质量水平。

采用缺陷扣分法和加权平均法计算单位产品得分。

③ 单位产品质量评定方法

每个单位产品得分预置为100分，根据缺陷扣分标准中对单位产品中出现的缺陷逐个扣分，即得到单位产品得分。

$$N=100-12\times n-1\times m \tag{9-1}$$

式中 $N$——单位产品得分；

$n$——单位产品重缺陷的个数；

$m$——单位产品轻缺陷的个数。

房产测绘包括：房产平面控制测量、房产调查、房产要素测量、房产图绘制、房产面积测算、变更测量等。

④ 单位产品质量等级的划分标准

若单位产品中出现一个严重缺陷，则该单位产品为不合格品。

若单位产品中有一个质量元素得分值小于60分，则该单位产品计为不合格品。

质量等级标准：

优级品 $N=90\sim100$ 分；

良级品 $N=75\sim89$ 分；

合格品 $N=60\sim74$ 分；

不合格品 $N=0\sim59$ 分。

5. 单位产品的缺陷分类

① 房产平面控制测量的缺陷分类

a. 导线测量的缺陷分类（表9-1）

**表9-1 导线测量的缺陷分类**

| 严重缺陷 | 重缺陷 | 轻缺陷 |
| --- | --- | --- |
| 1. 伪造成果<br>2. 测站观测中误差超限<br>3. 测角中误差超限<br>4. 漏绘点之记<br>5. 导线各条件自由项任一项超限<br>6. 导线折角度超限<br>7. 电子记录程序错<br>8. 标石埋设完全不符合要求<br>9. 仪器未经计量检定或经检定不符合要求 | 1. 点位选择不恰当，极不利于保存与扩展<br>2. 点之记绘制错漏较大<br>3. 成果取舍，重测不合理<br>4. 记录中的修改不符合规定，但尚能使用<br>5. 技术问题处理不当<br>6. 观测条件掌握不严，不符合规定<br>7. 记录中的计算错误，对结果影响较大<br>8. 电子记录的输出格式不符合规定<br>9. 导线测量的各条件自由项中任一项大于限差的4/5<br>10. 仪器检验项目不齐全，检验结果有轻微超限<br>11. 上交资料不完整<br>12. 其他严重的错、漏 | 1. 记录字体潦草、不规整<br>2. 数字或小数点错漏，对结果影响轻微<br>3. 各种注记错漏，成果装订及编号错漏<br>4. 各种资料的整饰缺点<br>5. 导线测量的条件自由项大于限差的1/2<br>6. 其他轻微的错、漏 |

b. GPS测量的缺陷分类（表9-2）

**表 9-2　GPS 测量的缺陷分类**

| 严重缺陷 | 重缺陷 | 轻缺陷 |
| --- | --- | --- |
| 1. 伪造成果<br>2. 标石质量及埋设完全不符合要求<br>3. 接收设备不符合要求<br>4. 主要精度指标中任一项超限<br>5. 数据处理软件不符合要求<br>6. 漏绘点之记<br>7. 归心元素测定、天线高量取错误<br>8. GPS 网布设不合理<br>9. 接收设备未经计量检定或经检定不符合要求 | 1. 点位选择不佳，点之记或环视图绘制错漏较大<br>2. 仪器设备检验项目不齐全，检验方法欠妥以及资料不全<br>3. 气象元素测定错误<br>4. 成果重测、补测以及数据删除不合理<br>5. 标石的外部修饰不正规<br>6. 观测参数与规范不符<br>7. 验算项目不齐全<br>8. 数据处理过程不合理<br>9. 上交资料不完整<br>10. 各项精度指标中任一项大于限差的 2/3<br>11. 技术问题处理不当<br>12. 其他严重的错、漏 | 1. 记录字体潦草、不规整<br>2. 数字或小数点错漏，对结果影响轻微<br>3. 各种注记错漏，成果装订及编号错<br>4. 各种资料的整饰缺点<br>5. 各项精度指标中任一项大于限差的 1/3<br>6. 其他轻微的错、漏 |

② 房产调查的缺陷分类（表 9-3）

**表 9-3　房产调查的缺陷分类**

| 严重缺陷 | 重缺陷 | 轻缺陷 |
| --- | --- | --- |
| 1. 房产调查权属关系错误<br>2. 房产调查未履行法律程序<br>3. 房产调查表中重要内容错、漏<br>4. 房屋用地调查表重要内容错、漏<br>5. 界址点权属情况不清 | 1. 房屋调查表中一般内容错、漏<br>2. 房屋用地调查表中一般内容错、漏<br>3. 调查表中的用地略图和房屋权属界线示意图上的用地范围线、房屋权属线与房产图上不一致<br>4. 产别分类错、漏<br>5. 房屋用地用途分类错、漏<br>6. 房屋建筑结构分类错、漏<br>7. 房屋用途分类错、漏 | 不属于前两类缺陷的其他问题为轻缺陷 |

③ 房产要素测量的缺陷分类（表 9-4）

**表 9-4　房产要素测量的缺陷分类**

| 严重缺陷 | 重缺陷 | 轻缺陷 |
| --- | --- | --- |
| 1. 伪造成果<br>2. 仪器未经计量检定和检定不符合要求<br>3. 界址点坐标误差超限<br>4. 界址点与相对于邻近控制点位误差和相邻界址点间距误差超限<br>5. 与确定界址点、线位置直接有关的永久性建筑物角点精度不符合要求<br>6. 界址点和重要建筑物错、漏较多 | 1. 测量方法、记录、计算不符合技术要求，对成果有轻微影响<br>2. 测量中个别指标超限，对测量点精度影响轻微<br>3. 一般建筑物有个别错误<br>4. 个别测角误差轻微超限，对结果影响轻微<br>5. 测量点编号错、漏<br>6. 房产分区和丘的编号有错、漏<br>7. 仪器检验项目不全，检验结果有轻微超限<br>8. 其他严重的错、漏 | 不属于前两类缺陷的其他问题为轻缺陷 |

④ 房产图绘制的缺陷分类（表 9-5）

**表 9-5　房产图绘制的缺陷分类**

| 严重缺陷 | 重缺陷 | 轻缺陷 |
| --- | --- | --- |
| 1. 图廓点、坐标网、控制点展绘错、漏<br>2. 界址点、线错、漏<br>3. 行政区域界错、漏<br>4. 与确定界址点、线位置直接有关的永久性建筑物错、漏或地理精度严重不符合要求<br>5. 界址点、线地理精度不符 合要求 | 1. 图廓坐标注记错、漏<br>2. 分图幅编号的错、漏<br>3.一般建筑物错、漏<br>4. 界址点、线表示不正确<br>5. 行政区界局部错、漏<br>6. 丘界局部错、漏<br>7. 房屋用地用途分类错、漏<br>8. 房屋建筑结构分类错、漏<br>9. 房屋用途分类错、漏<br>10. 房屋产别分类错、漏<br>11. 地理名称的错、漏<br>12. 其他严重的错、漏 | 不属于前两类缺陷的其他问题为轻缺陷 |

⑤ 房屋变更测量的缺陷分类（表 9-6）

**表 9-6　房屋变更测量的缺陷分类**

| 严重缺陷 | 重缺陷 | 轻缺陷 |
| --- | --- | --- |
| 1. 伪造成果<br>2. 房地产要素中的现状、权属、界址调查有错、漏<br>3. 房地产要素未按法律程序调查<br>4. 变更测量精度不符合要求<br>5. 变更测量中不符合业务要求<br>6. 仪器未经计量检定和检定不符合要求 | 1. 变更测量中选择测量方法不当，对测量成果有轻微影响<br>2. 变更测量中的基准点选择不当，对测量成果有轻微影响<br>3. 丘、界址点、幢编号有错、漏<br>4. 观测、记录、计算不符合要求，对成果精度有轻微影响<br>5. 面积分割不符合要求<br>6. 其他严重的错、漏 | 不属于前两类缺陷的其他问题为轻缺陷 |

⑥ 房产面积测算缺陷分类（表 9-7）

**表 9-7　房产面积测算缺陷分类**

| 严重缺陷 | 重缺陷 | 轻缺陷 |
| --- | --- | --- |
| 1. 伪造成果<br>2. 原始数据划改不符合要求；测量原始记录转抄<br>3. 仪器和工具未经计量检定和检定不符合要求<br>4. 面积测算限差超限<br>5. 共有共用面积测算和分摊不符合要求<br>6. 用地面积的测算方法和精度不符合要求 | 1. 测算原始记录不符合要求，对成果有轻微影响<br>2. 面积计算取位不符合要求，对成果有轻微影响<br>3. 成果无检查记录<br>4. 无测量原始记录<br>5. 用地面积测算方法不当，对成果有轻微影响<br>6. 分层图、分户图表示的数据与测算成果不一致<br>7. 房产面积测算报告编写内容不完整<br>8. 面积未独立测算两次或用不同方法测算两次<br>9. 其他严重的错、漏 | 1. 记录字体潦草、不规范<br>2. 丈量数据未按规定量2～3次，并取中数<br>3. 数字和小数点错误，对结果有轻微影响<br>4. 取舍时进位未按规定<br>5. 成果装订不规范<br>6. 上述未列出的其他问题为轻缺陷<br>7. 面积测算未按规定，且造成面积差错 |

# 第二节　房产测绘技术报告（范文）

## 一、项目概况

1. ×××房屋坐落于××区××街××路××号。
2. 开发建设单位及委托方简介：（略）。
3. 委托协议（合同）编号：（略）。
4. 测绘目的：（略）。
5. 房屋结构、层数、使用功能、建成年份、产权概况等房产调查的内容：（略）。
6. 该房屋总占地面积、总建筑面积：（略）。
7. 作业内容：整栋房屋建筑面积（预）测算；分户套内建筑面积的计算；共有共用建筑面积分摊计算（共有建筑面积的内容、共用建筑面积的计算方法、共用建筑面积的分摊方法）。

## 二、测算依据

（一）执行的技术标准：（略）

（二）委托方提供的经规划部门批准的房屋设计图、房产分割依据或销售方案等

## 三、外业测绘及调查方法

1. 测量器具：玻璃纤维尺、手持测距仪（检验证号××）等。
2. 计算全部、一半及不计算建筑面积的部位的简要说明：（略）。
3. 外业测量方法及房产调查方法：（略）。

## 四、特殊部位建筑面积的计算方法

（略）

## 五、功能区的确定及分户方法

1. 确定有几个功能区及各自的范围：（略）。
2. 分户的依据及分户用房界线的确定：（墙体中线、外线等情况）。

## 六、计算方法

（一）分摊方法及分摊原则：（略）

（二）一级分摊

1. 一级分摊共有建筑面积共××××平方米，由以下几部分组成：（略）。
2. 各功能区面积及共有面积情况详见表一：（略）。

（三）二级分摊

1. ××功能区分摊方法：

共有建筑面积共×××平方米，由以下几部分组成：

（1）一级分摊的共有面积×××平方米；

（2）××楼梯、走道等共×××平方米；

（3）××部位共×××平方米；

××功能区套内建筑面积之和为×××平方米，分摊系数为××××。

共有面积分摊情况详见表二：（略）。

2. ××功能区分摊方法：（略）。

（四）多级分摊的方法：（略）

## 七、质量检查与结论

（一）质量检查

1. 在委托方的配合下，对公用部位进行核准并检查全部边长。

2. 对计算资料、图纸进行100%的检查。

3. 全部资料由专职审核人员进行了全面检查和验收。

（二）结论

本资料的计算成果和图纸经检查符合国家标准及技术规范的要求，可用于其×××需要。

## 八、提交资料

1. 技术报告书：一式×份，提交给××单位（略）。

2. 提交图纸情况：（分丘、分层、分户等图纸数量）。

3. 其他应提交的资料：（略）。

## 九、作业人、检查人签名

（略）

## 【项目学习小结】

本项目成果检查与验收几乎涉及前边所有内容，内容繁杂，且对检查资料的精度要求规定多，需要学生课下多去查阅相关规定，做到对一般精度限定牢记于心，做此项工作需要细心、静心。

# 项目十　房产测绘综合实训

## 学习目标

1. 知识目标

进一步熟悉房产测绘所需要的基本知识；进一步熟悉房产测绘的工作方法和工作程序；进一步熟悉判断房产测绘成果是否正确的相关技术指标。

2. 技能目标

在教师的指导下，通过团队协作，能够正确地完成房产测绘的技术设计、外业实施、内业数据处理，编写技术总结报告，并获得符合相关技术规程要求的成果；具备正确判断房产测绘成果是否合格的能力。

3. 素质目标

具备应用房产测绘相关技术规程对工作过程及结果进行质量控制的主动意识和基本素养；通过团队协作强化沟通交流的习惯、分工协作的团队意识；通过实战训练培养发现问题、分析问题、解决问题的能力；注重形成认真细致、精益求精的工作作风；培养吃苦耐劳、乐于奉献、爱岗敬业的职业精神。

## 学习重点

房产调查与测量的程序；房产测量野外数据采集的作业程序及施测方法；房产控制测量实测的方案设计与测量方法；界址点测量的外业实施方法和界址点坐标的计算；房地产面积测算的方法；外业成果和内业资料的整理；测量总结报告的撰写。

## 一、项目知识要点

（一）作业依据

1. 规范依据

1）《城市测量规范》（CJJ 8—2011）。

2）《国家基本比例尺地图图式　1∶500　1∶1000　1∶2000 地形图图式》（GB/T 20257.1—2017）。

3）《房产测量规范 第 1 单元：房产测量规定》（GB/T 17986.1—2000）。

4）本技术设计书。

2. 坐标和高程系统为地方坐标系，及 1985 国家高程基准。

3. 成图规格及基本精度要求：

1）房产分丘图采用比例尺为 1∶1000。

2）基本精度：

① 展绘图廓线、方格网和控制点的各项误差不超过表 10-1 的规定。

表 10-1　展绘图廓线、方格网、控制点的限差　　单位：mm

| 仪器 | 方格网长度与理论长度之差 | 图廓对角线长度与理论长度之差 | 控制点间图上长度与坐标反算长度之差 |
|---|---|---|---|
| 仪器展点 | 0.15 | 0.2 | 0.2 |
| 格网尺展点 | 0.2 | 0.3 | 0.3 |

② 图根点点位中误差相对于起始控制点不得大于图上±0.1mm。

③ 图上地物点的精度相对于邻近控制点而言，不超过分幅图上±0.5mm，地物点间距中误差不大于图上±0.4mm。

④ 测站点相对于邻近图根点的点位中误差，不大于图上±0.3mm。

4. 控制资料

布设 GPS 点，作为本测区的首级控制。由于测区范围小，故采用图根导线就能满足测图精度，可直接利用新布设的 GPS 点作为图根点，以满足测图要求。

（二）房产面积测算

1. 一般规定

1）房产面积测算的内容

面积测算是指水平面积测算，分为房产面积测算和用地面积测算两类，其中房产面积测算包括房产的建筑面积、共有建筑面积、产权面积、使用面积等测算。

① 房产的建筑面积

房产的建筑面积是指房产外墙（柱）勒脚以上各层的外围水平投影面积，包括阳台、挑廊、地下室、室外楼梯等，且具有上盖，结构牢固，层高 2.20m 以上（含 2.20m）的永久性建筑。

② 房产的使用面积

房产使用面积是指房产户内全部可供使用的空间面积，按房产的内墙面水平投影计算。

③ 房产的产权面积

房产产权面积是指产权主依法拥有房产所有权的房产建筑面积。房产产权面积由直辖市、市、县房地产行政主管部门登记确权认定。

④ 房产的共有建筑面积

房产的共有建筑面积是指产权主共同占有或共同使用的建筑面积。

2）面积测算的要求

各类面积测算必须独立测算两次，其较差应在规定的限差以内，取中数作为最后结果。

量距应使用经检定合格的卷尺或其他能达到相应精度的仪器和工具。面积以平方米为单位，取至 $0.01m^2$。

房产面积的精度等级为二级，它的限差要求为 $0.04\sqrt{S}+0.002S$，中误差要求为 $0.02\sqrt{S}+0.001S$（注：$S$ 为房产面积，$m^2$）。

2. 房产建筑面积测算的有关规定

1）计算全部建筑面积的范围

永久性结构的单层房产，按一层计算建筑面积；多层房产按各层建筑面积的总和计算。

房产内的夹层、插层、技术层及其梯间、电梯间等其高度在 2.20m 以上部位计算建筑面积。

穿过房产的通道，房产内的门厅、大厅，均按一层计算面积。门厅、大厅内的回廊部分，层高在 2.20m 以上的，按其水平投影面积计算。

楼梯间、电梯（观光梯）井、提物井、垃圾道、管道井等均按照房产自然层计算面积。

房产天面上，属永久性建筑，层高在 2.20m 以上的楼梯间、水箱间、电梯机房及斜面结构屋顶高度在 2.20m 以上的部位，按其外围水平投影面积计算。

挑楼、全封闭的阳台按其外围水平投影面积计算。

属永久性结构有上盖的室外楼梯，按各层水平投影面积计算。

与房产相连的有柱走廊，两房产间有上盖和柱的走廊，均按其柱的外围水平投影面积计算。

房产间永久性的封闭的架空通廊，按外围水平投影面积计算。

地下室、半地下室及其相应出入口，层高在 2.20m 以上的，按其外墙（不包括采光井、防潮层及保护墙）外围水平投影面积计算。

有柱或有围护结构的门廊、门斗，按其柱或围护结构的外围水平投影面积计算。

玻璃幕墙等作为房产外墙的，按其外围水平投影面积计算。

属永久性建筑有柱的车棚、货棚等按柱的外围水平投影面积计算。

依坡地建筑的房产，利用吊脚做架空层，有围护结构的，按其高度在 2.20m 以上部位的外围水平面积计算。

有伸缩缝的房产，若其与室内相通的，伸缩缝计算建筑面积。

2）计算一半建筑面积的范围

与房产相连有上盖无柱的走廊、檐廊，按其围护结构外围水平投影面积的一半计算。

独立柱、单排柱的门廊、车棚、货棚等属永久性建筑的，按其上盖水平投影面积的一半计算。

未封闭的阳台、挑廊，按其围护结构外围水平投影面积的一半计算。

无顶盖的室外楼梯按各层水平投影面积的一半计算。

有顶盖不封闭的永久性的架空通廊，按外围水平投影面积的一半计算。

3）不计算建筑面积的范围

层高小于 2.20m 以下的夹层、插层、技术层和层高小于 2.20m 的地下室和半地下室。

突出房产墙面的构件、配件、装饰性的玻璃幕墙、垛、勒脚、台阶、无柱雨篷等。

房产之间无上盖的架空通廊。

房产的天面、挑台、天面上的花园、泳池。

建筑物内的操作平台、上料平台及利用建筑物的空间安置箱、罐的平台。

骑楼、过街楼的底层用作道路街巷通行的部分。

活动房产、临时房产、简易房产。

独立烟囱、亭、塔、罐、池、地下人防干、支线。

与房产室内不相通的房产间伸缩缝。

（三）房产图绘制

1. 房产分丘图绘制

1）分丘图的规格

① 分丘图的幅面采用 787mm×1092mm。

② 根据丘的面积，拟定分丘图比例尺为 1∶1000。

2）分丘图的技术要求

① 展绘图廓线，方格网和控制点的各项误差不超过表 10-1 中的规定。

② 图上房产界址点相对于邻近控制点的点位误差和间距超过 50m 的相邻界址点的间距误差不超过表 10-2 的规定。

**表 10-2　房产界址点的精度要求**

| 界址点等级 | 限差（m） | 中误差（m） |
|---|---|---|
| 一 | ±0.04 | ±0.02 |
| 二 | ±0.10 | ±0.05 |
| 三 | ±0.20 | ±0.10 |

③ 间距未超过 50m 的界址点间的间距误差限差不应超过下式的计算结果：

$$\Delta D = \pm (m_j + 0.02 m_j D)$$

式中　$m_j$——相应等级界址点的点位中误差，m；

$D$——相邻界址点的距离，m；

$\Delta D$——界址点坐标计算边长与实量边长较差的限差，m。

2. 房产分户图的绘制

1）分户图的技术要求

① 分户图的方位应使房产的主要边线与图框边线平行，按房产方向横放，并在图纸右上角加绘指北针。

② 分户图的幅面选用 210mm×297mm。

③ 分户图的比例尺拟定采取 1∶200～1∶300。

④ 分户图的精度要求

房产分户图只是图上的描绘精度，不要求图上的点位精度。由于房产产权面积都是按实量数据（边长）计算，房产面积的精度分为三级，面积计算精度与边长精度有关。其房产面积的精度要求见表 10-3。

**表 10-3　房产面积的精度要求**

| 房产面积的精度等级 | 限差（$m^2$） | 中误差（$m^2$） |
|---|---|---|
| 一 | $0.02\sqrt{S}+0.006S$ | $0.01\sqrt{S}+0.003S$ |
| 二 | $0.04\sqrt{S}+0.002S$ | $0.02\sqrt{S}+0.001S$ |
| 三 | $0.08\sqrt{S}+0.006S$ | $0.04\sqrt{S}+0.003S$ |

注：表中 $S$ 为房产面积，$m^2$。

2）分户图的文字注记

① 房产产权面积包括套内建筑面积和共有分摊面积，标注在分户图框内。

② 本户所在的丘号、户号、幢号、结构、层数、层次标注在分户图框内。

③ 楼梯、走道等共有部位，需在范围内加简注。

## 二、项目任务

### （一）小组成员及仪器设备安排

项目实施以小组为单位，按 4～6 人/组对授课班级进行分组，每组确定一名组长，负责组织和管理本组成员完成本项工作任务，教师做好现场引导、检查和考核工作，小组成员工作职责见表 10-4。

**表 10-4　各小组成员工作职责**

| 序号 | 小组成员工作分工 | 小组成员工作职责 | 姓名 | 备注 |
|---|---|---|---|---|
| 1 | 观测员 | 主要负责现场使用仪器采集数据工作 | | |
| 2 | 立尺员 | 主要负责确定和处理测量观测点工作 | | |
| 3 | 记录员 | 主要负责现场记录和处理观测数据工作 | | |
| 4 | 绘图员 | 主要负责绘制本项目相关的测量图纸工作 | | |
| 5 | 检查员 | 主要负责控制和检查本组测量精度工作 | | |
| 6 | 资料员 | 主要负责整理和提交本组测量成果工作 | | |

所需仪器设备：全站仪或 GPS RTK（或经纬仪和测距仪）、测距仪（皮卷尺或钢卷尺）、计算机、房产绘图处理软件（可参考南方测绘公司 CASS 成图软件）、数据线等。

### （二）实施要求、步骤及方法

实施要求：本项目为房产测绘综合实训，在选定的实训区域，在教师指导下，学生参与房产测绘综合生产项目的全过程，团队协作完成房产测绘的全部工作，并获得符合相关技术规程要求的成果。

实施步骤：收集资料→现场踏勘→技术设计→检校仪器→确定测区范围→外业测量→内业数据处理与成图→提交成果资料

实施方法：

① 收集资料

a. 广泛收集测区及其附近已有控制资料、大比例尺地形图、地籍调查表、宗地图等资料。

b. 收集控制测量的技术要求和规定，准备相应的规范：如《房产测量规范》《城市测量规范》等。

c. 了解测区的行政划分、社会治安、交通运输、物资供应、风俗习惯、气象、地质情况。

② 现场踏勘

携带收集到的控制资料、测区地形图、地籍调查表、宗地图等资料到现场踏勘。踏勘主要了解以下内容：

a. 实地查看控制点、界址点位置，了解各宗地的用地范围，并在参考图件上用红笔清晰地标记出控制点、界址点的位置和宗地的用地范围。

b. 原有地形图是否与现有地物、地貌相一致，着重踏勘需测量范围的界址点位置，为方案设计做准备。

c. 调查测区内交通现状，以便确定合理的高程测量方案，测量时选择适当的交通工具。

d. 现场踏勘应做好记录。

③ 技术设计

技术设计是根据项目的规模、测量精度的要求及合同、业主和监理的要求，结合测区自然地理条件的特征，设计最佳观测方案，保证在规定期限内保质保量地完成生产任务，并依据工程设计意图及其对界址点测量的精度要求，拟定合理观测方案。

④ 检校仪器

按规范要求在控制测量作业前对准备使用的仪器和配套的器具进行检定和校准。

⑤ 外业观测

a. 角度测量

观测的方法及要求：采用精度不低于 $DJ_6$ 级经纬仪，一般采用方向观测法观测半个测回（当视距大于 150m 时测一测回），多于 3 个方向时应归零，归零差不应大于 18″，对中误差不大于 3mm。

瞄准目标时尽量照准控制点或界址点标志，对不能直接照准标志的控制点或界址点，须悬挂垂球线或铅垂线立细测钎，尽量不用竖立花杆作照准方向。

b. 距离测量

光电测距时，应进行两次读数，其差值不得超过 1cm。测距成果中，须加入常数、倾斜改正。倾角用经纬仪测半测回。在丈量较短的平坦距离时，钢卷尺量距往往比光电测距还方便。钢卷尺量距时，宜丈量两次，并进行尺长改正，两次较差的绝对值应小于 5cm。

以上观测可用全站仪或 GPS RTK 代替经纬仪和钢卷尺直接对点位进行坐标测量（实训过程中采用全站仪或 GPS RTK 进行实训）。

⑥ 内业数据整理

极坐标法测定点的观测记录及计算表格见表 10-5。

**表 10-5　测定点的观测记录及计算表格**

日期　　年　　月　　日　　仪器编号　　　观测者　　　记录者

| 测站点号 | 目标点号 | 水平角（° ′ ″） | 方向角（° ′ ″） | 边长 S（m） | 坐标 |  | 备注 |
|---|---|---|---|---|---|---|---|
|  |  |  |  |  | X（m） | Y（m） |  |
|  |  |  |  |  |  |  |  |
|  |  |  |  |  |  |  |  |
|  |  |  |  |  |  |  |  |
|  |  |  |  |  |  |  |  |

⑦ 内业成图

项目可采用南方测绘公司绘图软件绘制房产分幅图、房产分丘图。房产分幅图、分丘图的作业流程描述：展点→绘制房产要素、标注用地符号、文字注记→设置地形图信息→标注房产属性→输出分幅图与分丘图。参考软件：南方测绘公司软件系列 Cass 9.0。

成图样式如图 10-1 所示。

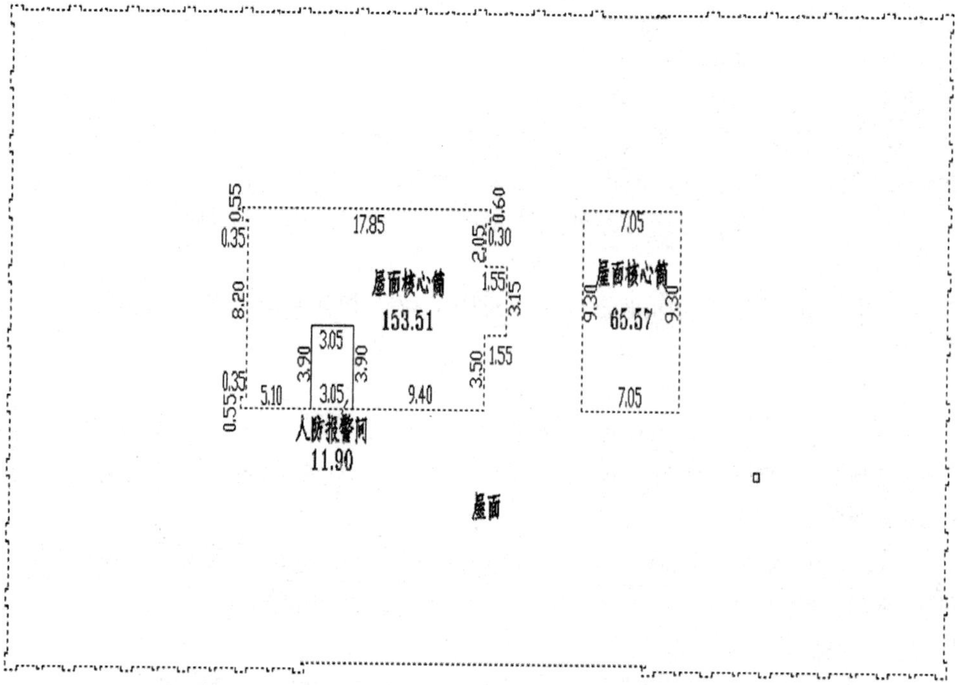


图 10-1　成图样式

（三）技术要求

各阶段控制测量、碎部测量、面积测算、房产分幅图、房产分丘图、房产分层分户图的测绘要求及方法已在前几个项目中详细介绍，可参考各项目正文部分。

（四）考核及评价

项目按照时间、质量、安全、环保、文明五个方面要求进行考核。学生按照表 10-6 的要求进行自评和互评，教师进行总评，最终形成各组完成该项目的考核成绩。

**表 10-6　项目考核评价表**

小组序号：________________项目实施时间及地点：____________________________

小组成员姓名：____________________________________________________

总　　分：________________

| 序号 | 考核项目 | 考核内容及要求 | 评分标准 | 配分 | 学生自评 15% | 学生互评 25% | 教师考评 60% | 得分 |
|---|---|---|---|---|---|---|---|---|
| 1 | 时间要求 | 8 学时 | 超时倒扣分，10 分/学时 | 20 | | | | |

续表

| 序号 | 考核项目 | 考核内容及要求 | 评分标准 | 配分 | 学生自评15% | 学生互评25% | 教师考评60% | 得分 |
|---|---|---|---|---|---|---|---|---|
| 2 | 质量要求 | 仪器参数设置 | 控制点或界址点测量过程中仪器参数设置有误，扣5分/处 | 5 | | | | |
| | | 控制点及界址点坐标测量 | ① 观测数据误差值超过规定要求，每超出1"(或1mm）扣2分，测量成果错误扣5分/处；<br>② 仪器操作不规范，扣5分 | 25 | | | | |
| | | 成图质量 | ① 分幅图或分丘图图面出现错误每处扣2分；<br>② 未按规定要求完成扣5分 | 25 | | | | |
| | | 报告撰写 | ① 思路及步骤不清晰扣5分；<br>② 报告格式混乱扣5分 | 10 | | | | |
| 3 | 安全要求 | 遵守安全操作规程 | ① 未按要求穿工作服扣2分；<br>② 保护设备不当扣3分 | 5 | | | | |
| 4 | 环保要求 | 遵守环保生产规则 | 不遵守酌情扣1～5分 | 5 | | | | |
| 5 | 文明要求 | 遵守文明生产规则 | 不遵守酌情扣1～5分 | 5 | | | | |

## 【项目学习小结】

通过实训，学生须对房产测绘的理论、技术和方法有全面的理解，熟悉房产测绘的流程和软硬件，把感性认识与理性认识相互融合，提高解决实际问题的能力。从事房产测绘工作，不但要有精湛的技术能力，还需要有强烈的法律意识、政策意识、社会意识。这些非技术素质作为实训的一个重要组成部分，与技术素质同等重要，可使学生的综合素质得以全面提高。

# 参考文献


［1］侯方国，时东玉，王建设．房产测绘［M］．郑州：黄河水利出版社，2007.

［2］江苏省测绘局职业技能鉴定指导中心．房产测量［M］．成都：成都地图出版社，2008.

［3］纪勇．地籍测量与房地产测绘［M］．北京：中国电力出版社，2012.

［4］彭维吉．地籍与房产测量［M］．北京：测绘出版社，2013.

［5］李芹芳，张艳．地籍与房产测量［M］．武汉：武汉大学出版社，2017.

［6］程辉，黄天明．建筑工程测量［M］．武汉：中国地质大学出版社，2013.

［7］贾家琳．GNSS定位测量技术［M］．成都：西南交通大学出版社，2014.